中国出版集团学术著作出版资助项目

美术学博士论丛 ◎林维/著

通人画家郭味蕖研究

荣宝斋出版社

图书在版编目（CIP）数据

通人画家郭味蕖研究/林维著. -北京：荣宝斋
出版社，2015.7
  ISBN 978-7-5003-1490-5

  Ⅰ．① 通 ⋯ Ⅱ．① 林 ⋯   Ⅲ．① 郭 味 蕖
（1910～1971）－人物研究 Ⅳ.①K825.72

  中国版本图书馆CIP数据核字(2015)第023049号

丛书策划：张建平　崔　伟　徐沛君
责任编辑：李　娟
装帧设计：安鸿艳
责任印制：孙　行　毕景滨　王丽清

通人画家郭味蕖研究　　林维/著

出版发行：荣宝斋出版社
地　　址：北京市西城区琉璃厂西街19号
邮政编码：100052
制版印刷：北京荣宝燕泰印务有限公司
开　　本：890mm×1240mm　1/32
印　　张：8.5
版　　次：2015年7月第1版
印　　次：2015年7月第1次印刷
印　　数：0001—2000

ISBN 978-7-5003-1490-5　定价：45.00元

秋光素静新之候
看江边枫叶好
游舟砂景吴宇华
图取味集

霜红时节

秋熟

嫩晴

南島晨光

东风朱霞

春山一夜萧萧雨　　　　　　　　　　淡妆

初陽　味蕪畫

初阳

总　序

　　20世纪90年代初,中国的高等美术教育和美术研究机构中原有的"美术史及美术理论"专业被陆续改称美术学,90年代中期国家有关部门又将美术学定为艺术学（一级学科）下属的与音乐学、戏剧学等并列的一个二级学科。从那时起,美术学正式作为一个二级学科在中国诞生,并得到迅速的发展。美术学作为艺术学科的一个分支,涵盖了视觉造型创作与美术史论研究的广泛领域,是艺术学的支柱学科之一,在我国文化事业的建设和发展中起着重要的作用。遗憾的是,这个重要作用尚未引起普遍的认识,与发达国家比,美术学的社会地位和普及程度相差甚远。

　　美术学是人文科学的组成部分,是一门研究美术现象及其规律的科学,美术历史的演变过程、美术理论及美术批评均是它的主要内容。美术学要研究美术家、美术创作、美术鉴赏、美术活动等美术现象,同时也要研究美术思潮、造型美学、美术史学等。此外,美术学还要研究本身的历史(即美术学史,就像哲学要研究哲学史一样)。美术学既可以运用自己特有的方法进行研究,也可以借鉴哲学、美学、心理学、社会学、文艺学的方法进行研究,因此对美术学的研究还可以同其他学科的研究结合起来,形成美术学研究的边缘地带或者形成新的交叉学科,例如美术社会学、美术心理学、美术市场学、美术信息学、美术管理学,等等。这里,"美术"二字的含义有时会扩大到书法及摄影等造型艺术领域。通过这一界定,美术学的基本研究对象包括美术史、美术批评与美术理论,构成了对"美术"这一现象的研究,这在我国已经形成美术学的基本框架。

　　然而遍览欧美各地大学的学科设置,却并不存在一个所谓的"美术学"的概念。欧美的美术史研究，且以德国为例分析，强调美术史本身的社会文化意义的派别影响最大。特别是潘诺夫斯基图像学的研究方法成为美术史研究的主流，美术史巨子贡布里希更将图像学的观点进一步推演到人文学科的其他领域，等等。在此意义上，美术史实际上是借美术的外壳，承载社会文化的历史内容与含义。设在综合性大学里面的美术史学科，大都拥有独立的系别，如美国哈佛大学、哥伦比亚大学，英国的剑桥大学、牛津大学这些知名大学均有美术史研究的专业。另外也有将考古与美术史并置的，如伦敦大学亚非学院就有名为"考古与中国艺术史"的专业。美术理论、美术批评学科，常设在综合性大学的哲学系美学专业。当然，也有一批艺术院校有美术理论专业。

总之，国外还没有一个能够包含史、论、评含义的美术学概念，同时也似乎不存在一个学科管理意义上的美术学。在中国古代美术文献中，常常把画评、画史、画论结合在一起进行探讨，例如南齐谢赫的著名批评著作《古画品录》便是这种体例。谢赫在这部著作开头，就对画品即绘画评论作出概括："夫画品者，盖众画之优劣也。"接着对绘画的功能和作用发表见解："图绘者，莫不明劝戒，著升沉，千载寂寥，披图可鉴。"这段话便是他的美术观念和绘画理论的表述。谢赫提出的绘画六法，即品评绘画的六条标准：气韵生动，骨法用笔，应物象形，随类赋彩，经营位置，传移模写。这六条标准成为此后绘画批评中的根本原则，也成为我国古代美学理论的重要内容。由此可以看出批评理论与创作同时又可以是史的范畴，中国古代画论也常将史和批评融会其中。

美术批评与美术史、美术理论是三个既有联系又有区别的学科，它们却构成美术学的基本内容。美术批评学可以作为美术学的一个重要的分支加以研究，当然在批评学领域，美术批评学也可以作为批评学的一个分支，与文学批评学、音乐批评学等并列。美术批评运用一定的批评方法与原则，对美术作品的形式、语言、题材、内容、思想和风格进行品析、评判，揭示其价值，分析其优劣，或者对美术现象、美术思潮、美术流派、美术活动进行分析评价，揭示其内在规律和发展趋势，这种活动就是美术批评或者叫美术评论。美术评论和当前的创作实践活动联系比较紧密，批评家要参与美术活动，及时了解创作动向，推动创作活动的发展，美术批评家有时还可参与策划美术展览、组织创作研讨等活动，因此美术批评也是一项操作性、现实性比较强的活动，而美术批评学则是从理论上总结批评规律，提出批评观念、批评标准和方法，或者总结历史上的批评成果，建立起理论形态的批评学科。

美术史是由美术史家和历史学家或考古学家对历史发展过程中的美术作品、美术文献、美术遗迹进行发掘、研究、探讨，客观地揭示美术发展的历史过程和基本规律的科学。中国第一部比较系统的美术史著作是唐代美术史家张彦远的《历代名画记》，它开创了撰述中国美术史的先河。西方美术史学科的建立可以追溯到16世纪意大利画家瓦萨里写作的《大艺术家传》。这部书记录意大利文艺复兴时期的杰出画家和雕塑家的生平、活动和创作，为后人研究文艺复兴时期美术家提供了丰富的资料，该书首次出版于1550年。西方艺术史学科的真正建立应以18世纪德国艺术史家温克尔曼出版的《古代艺术史》作为标志。这样，中国的《历代名画记》早于瓦萨里约700年，早于温克尔曼约900年。所以，中国美术史的学科建立实际上始于盛唐。

美术理论是对美术问题的理论探讨，通过对绘画、雕塑、建筑、工艺美术及设计艺术作品，也可以包括书法及摄影的功能与作用、基本特征、形式、结构、语言、风格及其中的审美规律和思想活动的研究，揭示美术的普遍特点与规律。美术理论在狭义上主要是指美术基本原理，在广义上则可以包括美术美学、美术哲学、美术心理学、美术社会学等内容，从某种意义上讲美术批评理论也是美术理论的组成部分，但鉴于美术批评理论和美术评论活动相对的独立性，因此美术批评和美术理论常常分成两个相对独立的学科进行探讨。

在对美术史的研究中，最重要的当然是客观地揭示作品的创作年代、材料、作品的题材内容等。当美术史家对其内容和形式进行探索时，也必然要用一定的批评方法和艺术观念及价值标准对作品作出评判，而在这一过程中，批评或明或暗地在起作用，因此美术史不可能完全离开美术批评。美术批评还是联系美学、美术理论与美术史、美术作品的桥梁。由此看来，美术批评与美术史、美术理论是紧密联系、相互促进的，三者成为美术学的基本内容。

在经过以上的论述后，我们便可以知道《美术学博士论丛》这套书选题的意义。这套书实际上是在检阅着我国美术学研究的新水平，虽是博士生的成果，而博士生的背后是导师，所以这套书汇集的成果将包含着改革开放二十多年来的学术智慧。与美术学研究的以往成果比，这批论文在学科研究的广度和深度上均有新的发展，相信对我国的美术学建设乃至整个美术事业的发展均有重要意义。

美术不仅仅是赏心悦目的生活课题，还是博大精深的学术课题，它反映着民族的历史积淀，也预示着民族文化的发展，它是一个民族文化状况的标志，也是一个民族精神状况的标志。荣宝斋出版社正是站在这个高度上去对待这一选题，希图让更多的读者通过这一套书不仅了解美术（包括东方和西方、古典和现代），也由此了解到中国文化的精神和人类的生存价值。

程大利

2004年立冬时节于师心居

目　录

序一

多年以来，我的博士生都是研究美术史论的学子，但新世纪之初，中央美院开始培养实践类博士，画家博士生与日俱增，林维君便是其中之一。他是福建连城人，大学时代在上海戏剧学院学习舞台美术。工作多年之后，考入中国美术学院的花鸟硕士研究生班，师从闵学林和顾震岩教授。五年前他考取了我院的花鸟画博士研究生，导师是郭怡孮教授，我则负责指导他的论文。

在同届博士生中，他年龄较长，待人平和稳重，处事从容淡定。他的绘画，造型色彩博涉中西，花鸟画路子较宽。同时，他也比较注重学术钻研和理论思考，对传统很有理解，还因为学过日文，研究过作品多藏于日本的牧溪（法常），对宋代的大写意花鸟画别有所见。又由于从事舞美设计，对色彩敏感，故而对赵之谦写意花卉的用色别有心得。

林维入读我院之际，中央美术学院尚未成立造型艺术研究所，实践类博士生统归我奉命主事的研究生部负责。在办学中，本部不断按照院学术委员会的要求，强调培养学者型画家的历史经验和现实意义。可是在与林维的交谈中我发现，他不仅思考学与艺的关系，研究与创作的关系，理论与实践的关系，而且在思考通人与专家的关系。

近现代的学科越分越细，培养了许多术业有专攻的专家，包括美术专家，但传统中国文化讲究一个"通"字。通人不仅饱览群书，博涉文史哲、诗书画，且不拘于一艺一技，而能"究天人之际，通古今之变，成一家之言"。近代历史表明，在艺术上卓有建树的专家，往往既专且通，是摆脱了分工与分科局限的通人。

林维的太老师郭味蕖，是20世纪具有创新精神和独特成就的学者型画家,是以新的观念新的眼光重新研究传统并以真知灼见刷新小写意花鸟画面貌的突出代表,中西绘画兼修,理论实践并举,并且擅长史论与鉴藏,在某种意义上,也是个通人。林维的博士论文,一开始就确定了郭味蕖个案研究,因此得到了郭氏家族的支持,拥有了丰富的文献、图像资料和已有研究成果。

近年有关郭味蕖的出版物比较系统全面,2008年恰逢郭味蕖诞辰百年,举办了"百年郭味蕖——纪念郭味蕖诞辰一百周年艺术大展",出版了《郭味蕖艺术文集》《画家学者——郭味蕖纪年》《百年郭味蕖——纪念郭味蕖诞辰一百周年绘画艺术精选》,发表了大量研究评论郭味蕖的论著与论文,为进一步研究这位大家准备了条件。

但是,正因为以往的研究遍及方方面面,如何在前人研究的基础上突破,便成为一个不容忽视的问题。难能可贵的是,林维以其宏观的文化视野,把阐释中国传统文化向现代学术转变中由重通人之学转向重专家之学的"透网之鳞"当作切入点,从继承通人传统的角度去解读郭味蕖这位专家的艺术道路及其独特意义。

画坛的20世纪被称为革新的世纪,过去的画家研究往往着重于如何"去古就新",怎样总结创新的经验,然而林维的论文却着力于解读郭味蕖这位卓有建树的专家与通人之学的关联,讨论通人传统如何成就了卓越的画家,他这种通过个案揭示普遍意义的研究,可以说独出心裁,别开生面。

我相信,此书的出版,不仅会使读者具体而微地了解通人传统在20世纪美术领域的传扬,而且无论对于探讨培养高端美术人才的经验,还是继承和发展民族的优良文化传统,都是具有现实意义的。

薛永年

2014年5月于北京方壶楼

序二

　　林维是2009年中央美术学院研究生部（现为造型艺术研究所）招收的当代花鸟画研究方向的专业博士生，花鸟画专业的教学由我负责，论文写作辅导由薛永年教授指导。

　　中央美术学院招考实践类博士研究生，其目的是为了造就具有专业创作和理论研究能力的高层次的学者型画家。既要精研创作又要写好论文，完成创作与论文双重任务，而且论文的要求不能比美术学的博士低，还要有特色。我认为实践类博士写论文必须具备四个条件：一是对所研究课题的当代研究成果和高度要有全面把握；二是要具有自己独特的观点和视角；三是要有把自己观点表达清楚的文字能力；四是要与自己的创作有较密切的联系。

　　林维有很丰富的生活和工作阅历。他于20世纪80年代初，应征入伍，在部队从事了五年的文书工作，锻炼了文字写作能力，也打下了较好的绘画基础。部队退役后考取了上海戏剧学院舞美系，学习西画和舞台美术设计，毕业后分配到福州歌舞剧院从事舞台美术工作十余年，做过许多戏剧、歌舞、影视的美术设计工作。然而，尽管工作繁忙，他也未曾放弃自己钟爱的绘画专业，没有条件和时间继续他的油画创作，他就把部队所学的中国画重新拣起来，利用空余时间反复练习。后来，下决心自学了一门外语，并于2003年考取了中国美术学院国画系花鸟专业的硕士研究生，师从闵学林、顾震岩两位教授，其研究方向是中国写意花鸟画研究，从明清入手，上溯宋元，下涉近现代诸家，潜心研究和学习。在专业创作和论文写作两个方面打下坚实的基础。所以，我对他的能力应该说是比较有信心的。然而对所有实践类博士生来说，能够找到一个有学术价值的理论课题，并能深入研究，且最后能获得好的成果都是一个不小的难题。入学之初，当林维提出研究郭味蕖的个案时，我考虑再三，认为时机比较成熟。其理由有如下三点：一是2008年纪念郭味蕖诞辰100周年之际，出版了计八十余万字的《郭味蕖文集》上下卷，同时出版《画家学者郭味蕖纪年》《百年郭味蕖——纪念郭味蕖诞辰一百周年绘画艺术精选》以及众多的研究郭味蕖的论文和纪念郭味蕖的文章，这些都是以前的研究者所没有的非常重要的第一手资料。二是郭味蕖是我的父亲，我对父亲的一些亲身感受，可以直接交谈，有些问题可以直接找我了解，向他提供许多线索。父亲的一生都十分热爱生活，热爱艺术，志学不倦、博涉多方、锲而不舍地探索和创造的历程我是最清楚不过的。这有利于论文写作中第一手资料的收集和相关问题的探讨。三是郭味蕖美术馆的建立，陈列了郭味蕖各个时期的主要代表作品，包括图案设计、水彩、油画写生、中国山水画、中国花鸟画、书法、篆刻作品，以及史学研究的手稿和出版物等珍贵的原作和实物资料。可供研究者做细致、深入的研究。

不过，郭味蕖研究已走过了近四十年的历程，不乏研究专著、硕博论文、专家评论和纪念文章。如何发现问题，找到论文写作的突破口，构建论文的学术框架，发己之思，立我之论，这是摆在林维面前的一道难题。只有通才才能写好通才，在这方面林维是具备了不少条件的，如中西绘画、文学修养、理论水平、生活阅历、创作经验等等。他在读博的三年时间里，一边上文化课、专业课，一边抓紧一切时间检索文献、搜集材料、细心阅读、朝夕孜孜不敢有半日懈怠，并多次前往郭味蕖纪念馆和美术馆静对陈列的原作细心观摩、临写。临摹了几十张郭味蕖的代表作品，查阅大量馆藏资料，还走访了在潍坊尚健在的个别学生和老人。并从通人的视角对郭味蕖展开全面的研究，寻访史料，笔耕不辍、阅三寒暑，于2012年初夏完成此博士学位论文。功夫不负有心人，待将论稿送来阅读时，十几万字的论文结构完整，立论明确，内容详实，文辞清丽，一改过去画家研究套路，而是把画家郭味蕖放在中国传统文化通人之学脉络中进行纵向和横向的历史性思考，探寻揭示画家郭味蕖成功的内在因素和客观规律。讨论郭味蕖的通人之学如何在中国花鸟画的革新之路上取得卓越的成就，从而得出"中国绘画是学问滋养出来的艺术，也就是说中国'通人'之学的精神和学问养育了中国绘画。中国绘画真正的价值蕴含了图式深层的文化内涵，也就是宋代邓椿所说的'画者'文之极也"的结论。

今天在论文即将出版之际我由衷地感到欣慰，两年前林维以优异的成绩完成了毕业创作和毕业论文，并被国家分配到中国艺术研究院，继续他的创作和研究。近日又协助我完成了《名师讲义·郭味蕖讲花鸟画》的整理编排工作，不断有所进取，我对其有厚望矣！

郭怡孮

2014年9月15日于北京怡园

摘　要

　　郭味蕖是我国著名画家、美术史论家、美术教育家、美术鉴藏家。1908年出生于山东潍县（今潍坊市）一个文人官宦世家。卒于1971年，享年64岁。他是一位难得的饱学之士，是"学者型画家"，他继承了中国文化"通人"的传统。凭借自己的家学渊源和智慧才情，中西绘画齐修，融会贯通，打下坚实的根基；理论和实践并进，双轨同步，成为一位博学多能的"通人"。一方面，他精研传统、学养深厚、博涉多方、著述丰赡，为后人留下多部美术史论方面的基础性著作和大量的文献资料。一方面，他在花鸟画的教学和花鸟画艺术创作中始终致力于传承基础上的创新，成功地践行了传统中国花鸟画走向现代的革新之路，为现代花鸟画的发展奠定了基石，开辟了新风格、新境界，树立了成功的典范。而对于这样一位跨越若干学术领域的学者画家，学界的研究应该说还远远不够。

　　基于此，本论文将紧紧围绕郭味蕖的"通人"之学展开全面的讨论，探寻郭味蕖的成功经验和中国文化通人传统的现实意义。论文由引言、正文、结论三大部分构成：

　　引言部分，主要是有关郭味蕖研究的文献综述，特别是对近四十年来有关郭味蕖的研究现状、研究文献和相关活动进行系统的分析和梳理；寻找本文研究的理论根据，明确"通人"郭味蕖研究的基本思路。

　　正文部分，首先，通过郭味蕖的成长环境和个人品格的讨论，说明其走向"通人"之学的治学问道旅途，并不是一个偶然，而是一个必然。是与其所处的时代环境、文化背景、家庭出身和个人的天份才情是分不开的。其次，通过郭味蕖"通人"追求的人生历程的讨论，说明他有从事美术史研究和艺术创作的志趣和才能，以一生的志学躬耕。矢志不移的努力，积学成翁，学通承变。从而经由艺理相通，达到古今相通，中西相通，诗、书、画、印相通，教学相通。再者，通过"通人"郭味蕖的创造的讨论，说明其花鸟画的推陈出新是从主题内容到表现方法、笔墨技巧的推陈出新。经历了一个思想更新、理论创新和技法创新的过程。以"思想感情之新"，带动"笔墨技法之新"。这是郭味蕖的艺术创造观，也是艺术的人生观。

结论部分，主要概述了郭味蕖在花鸟画领域的杰出创造，完成了中国花鸟画从"传统"向"现代"的转型。取得了一系列艺术成就。郭味蕖的"通人"追求与创造是跨越理论实践的制限；打通古今中西的界域；突破诗、书、画、印的阻隔；挣脱雅俗的羁绊；推开画种的藩篱的成功表现。对于我们今天从事中国画研究和创作有着现实的指导意义；对于美术院校实践类硕士、博士的高端人才培养，以及我们今天继承、保护和发展中国传统文化，复兴中华文明，理当有一定的启示作用。

关键词：郭味蕖　通人　追求与创造　花鸟画　相通　继承与创新

第一章 引 言

　　郭味蕖（1908—1971）是我国著名画家、美术史论家、美术教育家、艺术鉴藏家。原名忻，晚号散翁。堂号知鱼堂、二湘堂、疏园等。1908年出生于山东潍县（今潍坊市）一个文化官宦世家。七岁开蒙，入私塾学习传统文化；1916年入丁氏小学，跟美术老师丁启喆学画；1926年参加上海美专函授部学习西画；1929年考入上海艺术专科学校学习西画；1937年考入故宫博物院古物陈列所研究班，在国画研究室学习临摹古代原作，并随黄宾虹学习画论及鉴赏。1951年受徐悲鸿之聘任职于中央美术学院研究部，后相继在民族美术研究所（1953年6月，中央美院筹建的中国绘画研究所，次年改称民族美术研究所，即今中国艺术研究院美术研究所前身）、徐悲鸿纪念馆供职。1960年调任中央美术学院中国画系任花鸟画科主任。"文革"期间倍受政治迫害，1970年以"战备疏散"为由遣返潍坊，1971年含冤去世，享年64岁。"文革"后平反昭雪。

　　郭味蕖是一位难得的饱学之士，是"学者型的艺术家"。[①]他继承了中国传统文化"通人"的传统。一方面研究广泛，著述丰赡，涉及金石学、建筑、雕刻、古代版画史、民间年画，以及古今书画家的个案研究、美术作品评论等多个领域；一方面精研中西绘画、书法、篆刻，深入现实生活，学通承变，经由艺理相通，达到古今相通，中西相通，诗、书、画、印相通的创作佳境，成功地践行了传统中国花鸟画走向现

① 刘曦林著《郭味蕖传》，山东美术出版社，1998年9月，第146页。

图1—1　郭味蕖像

代的革新之路，为中国花鸟画的发展开辟了新风格、新境界。郭味蕖是一位"通人"，而对于这样一位跨越诸多学术领域的学者画家，学界的研究应该说还远远不够。

第一节　国内有关郭味蕖研究的文献综述

回顾二十世纪的中国画坛，自然使我想到了中国美术的大家们，如吴昌硕、齐白石、黄宾虹、潘天寿、徐悲鸿、林风眠、刘海粟、傅抱石、李可染、李苦禅、郭味蕖等，在人物、山水、花鸟等领域的杰出创造。从以上所列人员来看，专门从事写意花鸟画创作或兼写意花鸟画创作的画家占了一半以上。写意花鸟画家们像人物和山水画家们一样，在二十世纪中叶曾探索和开辟了不同形式和风格的从"传统"向"现代"转型的发展道路。由于近现代中国社会整体变革的巨大力量，美术史中的变革才得以真正实现。郭味蕖生逢这个时代，经历了推翻几千年的帝制，建立共和国的社会大变革；经历了外敌入侵、民族存亡的外患，经历了三次国内革命战争的内忧；见证了新中国的成立和社会主义的建设；也经历了"文化大革命"的劫难。在风风雨雨中走完了他六十四年的艺术生涯。这对于一位从事中国画教学和创作的画家来说，似乎太短暂了，因为这正是一位花鸟画家成熟的壮年时期，若天假以年的话，其学术研究和花鸟画创作的成就是不可估量的。不过，他很好地完成了时代赋予他的花鸟画变革的历史使命！他是新中国建立后至"文化大革命"以前这段时期花鸟画最具代表性的学者型画家。正如他的学生张铭淑所说："我感觉到社会造就了郭味蕖先生，郭先生也造就了社会主义新中国的花鸟画，我觉得郭先生的画就是新中国的花鸟画。"①

　　在郭味蕖生前关于他的评论和介绍不多，主要有两种类型：

　　一是郭味蕖在青岛、济南、北京等地举办画展时见于报端的介绍和评述。1941年，在北平中山公园（原名社稷坛"拜殿"，又称"稷园"）董事会的南客厅举办画展，期间有于非闇、萧音者、陶一清等的评论文章。

　　于非闇为郭味蕖此次画展撰文说：

　　　　郭味蕖君，精研六法，山水花卉，力追明清各家，极有神似处。君状貌奇伟，美须髯，精于篆刻，复工书法。……

　　　　陶一清于报端评价说：味蕖君，鲁人，早年负笈申江，从事于西洋画，名噪一时。近年曾从名画家黄宾虹先生游，有青出于蓝之势。又足遍大江南北，搜集名川为画材，因其轮廓准确，笔墨之老练，更能体贴宋元人之惟妙写生，故作品较之高上一筹。暇时精心临池，自

① 张铭淑在"纪念郭味蕖诞辰90周年艺术研讨会"上的发言（录音、未发表）。

清迄宋元各名家无不师之，是故其作品能鬲识者非偶然耳。

今夏应京中友好之一再怂恿，情不可却，乃携本年精心杰作山水、花鸟百数十件，公展于稷园董事会，其出品山水如仿赵大年、倪高士、黄大痴、黄鹤山樵、高尚书、文衡山等，均为精心之作，更有写生多幅，神似明之李流芳。花鸟画则有仿新罗山人、白阳山人、复堂老人、八大山人等，均能得其神髓。其笔墨之挺拔、落笔之严谨毫不失古意。重峦叠嶂，清溪飞瀑，一笔一画，一草一木，均不虚着，于泻染更见工夫。①

陶一清对郭味蕖的评价很高，这一年他才33岁。据此，可见郭味蕖年轻时中西绘画齐修，理论和实践并进，各方面都已经打下了坚实的基础。

二是黄宾虹、齐白石、徐悲鸿等师友对郭味蕖著述和画作的一些评价，留待后面章节再述。

还有，就是1962年山东艺术专科学校教授张茂才对学生说："郭味蕖的才气了不得，他见得多，也有西画的底子。他有苦功，没有苦功就没有郭味蕖。所以他没有败笔，笔笔有着落。但他的画又有些琐碎，闪、删、变不够数，这是他的缺点。可他年龄不到，到七十岁还要20年，将来郭味蕖了不起。"②1962年正是郭味蕖新花鸟画成熟的创作高峰期，这一年他创作《惊雷》（图1-2）、《潺潺》《绿天》《丽日》《芭蕉》（图1-3）、《归兴》《南岛晨光》《东风朱霞》《大好春光》等近20张的代表作品，并没有张茂才所说的"有些琐碎、闪、删、变不够数"的感觉，我认为这是张茂才没有看到郭味蕖这批新花鸟画的

---

① 于非闇、陶一清文章录于郭怡孮编著《画家·学者郭味蕖纪年》，人民美术出版社，2008年3月，第82—83页。

② 刘曦林著《郭味蕖传》，山东美术出版社，1998年9月，第227页。

情况下所发表的议论。1951年郭味蕖调入中央美术学院到1961年担任中央美术学院中国画系花鸟科主任以前是郭味蕖传统文人画向现代转型的

图1-2 惊雷　　　　　　　图1-3 芭蕉

探索时期。期间一些作品难免有琐碎的问题存在。

　　真正意义上的"郭味蕖研究"是在他获得平反后开始的。1979年7月由人民美术出版社出版《郭味蕖画集》，选择发表其1963年至1965年间作品13幅。1980年1月24日按照中央美术学院党委的决定，"郭味蕖遗作展"在中央美术学院陈列馆展出。有一百余件花鸟画，二十余件山水画及书法作品展出，并陈列其平生著述和手稿。吴作人院长为展览题名，叶浅予先生撰写遗作展前言。《初阳》《春涧》等八幅作品由中国美术馆收藏。在遗作展期间，由叶浅予先生亲自组织研讨会，会上潘絜兹、田世光、刘力上、张安治、卢光照、秦岭云、戴林、金鸿钧、许继庄、郭怡琮、庄寿红、邵昌弟等先生先后发言。潘絜兹说："郭先生对花鸟画的推陈出新做出巨大贡献。解放后，一个运动接着一个运动，活出来不容易，有成就的画家更不容易，如石头缝里的青

松。而郭先生就是有成就的大树。过去国画界对他的宣传不够，他的贡献比我们大。"①田世光说："看完画展心里很不平静。他具备各方面的修养和品格，有画品、人品才能形成作品。郭老的画应让大家好好学学。"②这次研讨会主要是郭味蕖的同事、学生和亲朋、好友参加，表达的主要是对郭味蕖惋惜和缅怀之情。庄寿红后来回忆说："80年代初期，在美院陈列馆第一次展览，叶先生主持，有过一次座谈会。……我们那时候的心情是为郭先生鸣不平，这是主要的。"③刘曦林也曾说："80年代初期的研讨活动主要停留在对郭先生的缅怀，对郭先生的一种感恩，为郭先生抱不平，给郭先生一个公正的历史评价的一种呼吁"。④

会后，郭怡孮发表了《留得淋漓千百幅，年年岁岁看常青——父亲郭味蕖的生平与创作》《郭味蕖对花鸟画创新认识与实践》两篇文章。这是带有画家评传性质的文章，较为全面地介绍了郭味蕖的艺术、人生，并着重指出了郭味蕖在花鸟画创新领域的独特贡献，从郭味蕖的花鸟画创作到花鸟画教学以及美术史论研究等诸多方面都作了论述，虽然几千字的文章难以对主要问题展开深入的讨论，但是却为郭味蕖的研究提出了多方面的选题。接着庄寿红发表了《正不必作前人墨奴——怀念郭味蕖老师》一文，文中明确地提出了郭味蕖最主要的贡献在于花鸟画创新，"三结合"是他创新的主要手段和鲜明的特色。这三篇文章是最早针对郭味蕖的艺术生涯和花鸟画创作及史论研究作出的学术性探讨，

① 潘絜兹在"郭味蕖艺术研讨会"上的发言载郭怡孮编著《画家·学者郭味蕖纪年》，人民美术出版社，2008年3月，第263—264页。

② 田世光在"郭味蕖艺术研讨会"上的发言载郭怡孮编著《画家·学者郭味蕖纪年》，人民美术出版社，2008年3月，第264页。

③ 庄寿红著《正不必作前人墨奴——怀念郭味蕖老师》，《美术研究》，1980年4月，第66—67页。

④ 刘曦林在"纪念郭味蕖诞辰90周年艺术研讨会"上的发言（录音、未发表）。

从而奠定了郭味蕖研究的基础。

　　1984年，由人民美术出版社出版的《郭味蕖画集》，由叶浅予写序，序中写到："我认为他为花鸟画的推陈出新做出了富有成果的探索，在内容和形式两方面都有所突破。"这本画集同时还发表了潘絜兹的一篇题为《学如耕稼到秋成》的文章，文章一开始就说："人才难得。造就一个艺术家，要有许多条件：个人的禀赋、家庭的熏陶、环境的习染、师友的启导、传统的影响、深厚的学养、非凡的勤奋，等等。"他认为郭味蕖这些条件都达到了。但"对中国画家来说，似乎还有一个重要条件，就是岁月的积累，因学中国画讲求笔墨功夫，就包括时间的因素在内"。他认为郭味蕖过早地离开了我们，是国家民族的一大损失，深表惋惜。并认为"两个深入"（即一是深入人的生活，二是深入大自然）和"三个结合"（即工笔与写意结合、重彩与泼墨结合、花鸟与山水结合）是郭味蕖在生活的启示下不断探索并通过刻苦的艺术实践总结出来的可贵成果。"味蕖不愧是当代花鸟画承前启后、推陈出新的重要画家之一"。①这本画集的出版成为研究郭味蕖花鸟画艺术的重要图片资料和花鸟画创新的学术思考。

　　1986年，荣宝斋出版《知鱼堂藏扇》、《荣宝斋画谱·郭味蕖》、郭味蕖作品水印《郭味蕖花卉册》、郭味蕖藏郑板桥作品木版水印，荣宝斋对郭味蕖的艺术始终十分关注。1987年，山东美术出版社出版《郭味蕖画选》。1988年，人民美术出版社出版《郭味蕖画选》，画集选编了郭味蕖自1944年至1971年的作品239幅，同时还发表了刘曦林的一篇题为《山灯花放满背香——郭味蕖的艺术里程》的文章，开篇第一个讨论的问题就是"中西兼通的画家与学者"，认为"郭味蕖走的是一条文

---

① 潘絜兹著《学如耕稼到秋成》一文，后被收入香港"名家翰墨丛刊"《中国近代名家书画全集·29郭味蕖/花鸟》，翰墨轩出版有限公司，1998年11月30日，第96—97页。

人画的路,一个学者兼画家的路"。第一次提出了"学者兼画家"的命题,也就是后来郭味蕖"学者型画家"定位的由来。1989年,由上海人民美术出版社出版郭味蕖著《写意花鸟画创作技法十六讲》(图1-4)。1993年,由人民美术出版社出版郭怡孮、邵昌弟编著《郭味蕖花鸟画技法》,是在充分理解郭味蕖《十六讲》的基础上编写的技法理论,同时也是对《十六讲》的补充和完善。是研究和学习郭味蕖花鸟画创作技法的非常宝贵的两本教科书。1992年4月20日,郭味蕖故居陈列馆在山东潍坊市郭味蕖故居基础上建成开馆;4月21日郭味蕖艺术研讨会在潍坊召开,来自全国的五十多位美术家参加了研究会,围绕郭味蕖的生平、文

图1-4 郭味蕖《写意花鸟画创作技法十六讲》

图1-5 刘曦林《郭味蕖传》

化修养、艺术风格、绘画成就、理论研究等展开研讨。

1998年是郭味蕖诞辰90周年,更大范围的郭味蕖研究就此展开。首先,由人民美术出版社出版《中国近现代名家画集·郭味蕖》大型画册,郭怡孮写了题为《取诸怀抱——纪念郭味蕖诞辰90周年》的文章作为前言,全面地概括了郭味蕖的生平经历、治学精神、艺术风格、学术

成就和花鸟画革新成就；同年，人民美术出版社出版《中国美术家作品丛书·郭味蕖》画集，为研究郭味蕖提供了更多的图片资料。

1998年9月，刘曦林著《郭味蕖传》（图1-5），由山东美术出版社出版，此书1988年12月完成，由于送交某出版社出版时被出版社丢失，十年后此稿据残存复印件从头做起，可以说这是一本迟来的传记。《郭味蕖传》分别从27个方面作了全面的介绍，并有客观的评价，涉及的面很广，史料翔实，学术性很强，是研究郭味蕖的重要资料。

1998年10月，郭味蕖先生诞辰九十周年纪念大会暨《郭味蕖传》《近现代名家画集·郭味蕖》首发式在北京人民大会堂举行。1998年潍坊国际风筝节期间，"郭味蕖诞辰九十周年纪念画展暨学术研讨会"在画家故乡举行。"郭味蕖一大批大型创新作品包括《丽日》《晚风》《朝晖》《秋熟》《月上》《潺潺》《银汉欲曙》《大好春光》等代表作第一次回到故乡潍坊展出，许多专家学者也是第一次集中看到这批作品，无不叹服。" 在研讨会上分别由薛永年、杨悦浦、刘曦林主持，薛永年、刘炳森、范迪安、翟墨、刘龙庭、殷双喜、梅墨生、孙志钧、何首巫、姚舜熙、刘曦林等先后发了言。1998年11月1日至8日，纪念郭味蕖诞辰九十周年"郭味蕖艺术大展"在北京中国美术馆举行，这是郭味蕖作品首次在中国美术馆举办个人画展，展出包括山水、花鸟在内的代表作品一百余件，以及大批著作、手稿等。画展引起各方关注，获得广泛好评。几十家新闻媒体予以报道，中央电台录制并播出了专题片《回望郭味蕖》。画展期间，郭味蕖艺术研讨会在北京怀柔举行，研讨会持续两天，五十余位当代著名画家、美术史论家、艺术批评家发言，薛永年、郎绍君两位先生分别作了重点发言。

1998年11月，由香港翰墨轩出版有限公司出版了"名家翰墨丛刊"《中国近代名家书画全集·29郭味蕖/花鸟》画集和《中国近代名家书

图1-6 "名家翰墨丛刊"郭味蕖花鸟、山水专集

画全集·28郭味蕖/山水》画集（图1-6）。花鸟集收编了郭味蕖各个时期的花鸟画代表作品，同时还收录了刘曦林著《山灯花放满背香——郭味蕖的艺术里程》、邵昌弟著《郭味蕖写意花鸟画的写实性》、叶浅予著《从内容到形式两方面突破》、于希宁著《怀念味蕖砚长》、潘絜兹著《学如耕稼到秋成》、郭怡孮编著《郭味蕖年表》。而山水集收编了郭味蕖山水写生和山水创作共62张作品，同时也收编郭怡孮著《取诸怀抱》、雷子人著《陌陌千里、苍烟漠漠——郭味蕖先生山水画风貌初探》、梅墨生著《上下千古思、纵横万里势——郭味蕖山水画读后》、仲远著《江山形胜归图写——记郭味蕖山水画创作历程》。

　　1999年，《美术观察》第三期刊登了《新花鸟画的一声春雷——郭味蕖艺术研讨会侧记》，发表了分别在潍坊和北京两地举行的"纪念郭味蕖诞辰九十周年的艺术研讨会"的发言记录。还有专家学者在研讨会发言的基础上整理成论文，并陆续发表。1999年《美术向导》第一期发表邵昌弟文章《郭味蕖写意花鸟画的写实性》；1999年《美术观察》第三期发表薛永年文章《学通承变、画寄真情——郭味蕖的治学精神与绘画成就》；2000年《国画家》第四期发表郎绍君文章《以传统为本——论郭味蕖》；2001年《美术观察》第五期发表李魁正文章《论郭味蕖的花鸟画艺术》等。对郭味蕖的艺术创造和治学道路进一步展开深入研讨。研讨的主要内容包括：郭味蕖的治学态度、创新精神、艺术风格和成就；在现代绘画史上的地位和对现、当代中国画创作的影响；传统文化与郭味蕖的学者化道路；郭味蕖的教学思想和他的花鸟画教学体系；从郭味蕖的艺术道路看20世纪中西绘画碰撞之后中国画的演化；中国画怎样从古典形态向现代形态转化等。从而把郭味蕖研究引向深入。

此后一批学者纷纷撰文，从各自不同的视角，探讨郭味蕖的艺术道路和对后世的影响。曹玉林著《论郭味蕖艺术道路上的"三统一"原则》，刘波著《家世、学养、创造——郭味蕖艺术综论》，尚辉著《从文化寓意走向视觉消费——20世纪花鸟画的演变脉络及文化观念的转换》，姚舜熙著《穷研、旷达与才情——论郭味蕖的学术人生》，张鉴、成佩著《论郭味蕖的花鸟画创作教学体系》，吴冰著《"得江山之助"——郭味蕖花鸟画的创新性研究》（博士论文、未发表）。

2008年，是郭味蕖诞辰一百周年。一系列纪念和学术活动再次大规模展开。

2007年12月8日，"百年足迹——纪念李可染、叶浅予、刘凌沧、郭味蕖百年诞辰暨四大教授艺术成就与教学思想座谈会"在北京人民大会堂举行。中央美术学院院长潘公凯在发言中谈到郭味蕖先生时说：

> 郭味蕖先生是二十世纪最具代表性的花鸟画大家，同时又是著名的美术史论家，他所著的《宋元明清书画家年表》《中国版画史略》《写意花鸟画创作技法十六讲》是现代美术的重要文献。郭味

图1-7 《中国画家》《名家》郭味
蕖专集

图1-8 《郭味蕖艺术文集》（上下卷）

蕖先生是中央美术学院中国画系花鸟画科的创建人，对花鸟画教学
体系的形成做出了重大贡献。他在花鸟画的教学及艺术创作中，始
终致力于在传承基础上的演变和创新，其写意花鸟画既有三厚的传
统笔墨内涵又有鲜明的时代气息，集中体现了一代国画家立志变革
中国画的信念和探索印记。①

2008年2月，《中国画家》（图1-7）2月号（双月刊）发表"郭味蕖
百年"专刊，刊登发表了如下几方面的作品和文章：一是刊登了十二张
"知鱼堂"收藏的书画作品；二是刊登了郭味蕖的油画、插图、设计、
山水画、花鸟画、书法和篆刻的代表作品；三是刊登了郭怡孮编著《郭
味蕖年表》《郭味蕖亲属表·社会交往表》《〈郭味蕖艺术文集〉后
记》《〈纪念郭味蕖诞辰一百周年绘画艺术精选〉说明》；四是《百年

① 潘公凯在"'百年足迹'——纪念李可染、叶浅予、刘凌沧、郭味蕖百年诞辰暨四大教
授艺术成就与教学思想座谈会"上的讲话载郭怡孮编著《画家·学者郭味蕖纪年》，人民美
术出版社，2008年3月，第316—317页。

郭味蕖——众家评说》；五是《郭味蕖论继承与创新》；六是刊登了范曾著《永托旷怀——记恩师郭味蕖》、李松著《画家·学人郭味蕖——读〈郭味蕖艺术文蕖〉》、邵大箴著《史实的力量——〈画家·学者郭味蕖纪年〉序言》；七是刊登了部分郭味蕖亲属、学生的作品和郭怡琮及其部分学生的作品。

2008年3月，为纪念郭味蕖先生百年诞辰，将先生一生的治学成就展现给世人，编辑了《郭味蕖艺术文集》（图1-8）上下两卷，由人民美术出版社出版发行。全书约八十余万字，包括金石考古，版画、年画研究，知鱼堂书画录，四画人评传，中国绘画史话，现代画家评论，花鸟画创作，花鸟画教学，写生日记，书信，知鱼堂题画等十一大类。李松撰写《画家·学人郭味蕖——读〈郭味蕖艺术文集〉》的文章作为序言。同期，郭怡琮编著《画家·学者——郭味蕖纪年》也由人民美术出版社出版发行。本书包括三个部分：一是纪年部分（1908—1971），包括郭味蕖先生的生平事迹、艺术创作和学术著作辑要；二是重大事纪（1972—2008），记录了有关郭味蕖身后举行的主要活动；三是郭味蕖重要社会关系简表，列表介绍与郭味蕖有密切关系的家族、姻亲、同事、师友、学生的相关资料。邵大箴撰写《史实的力量——〈画家·学者郭味蕖纪年〉序言》。是一本编年体著作，翔实记载了郭味蕖先生生平每年的大事要事，并附有大量背景资料。还有，《百年郭味蕖——纪念郭味蕖诞辰一百周年绘画艺术精选》也由人民美术出版社出版发行。本画集分为油画、设计和插图、中国画山水、中国画花鸟、治印、书法六部分内容，并将《郭味蕖论继承与革新》和《众家评说》两篇文字放在前面作为序言。以上三部著作是学习和研究郭味蕖艺术最直接、最全面、最宝贵的文献资料和图片资料，具有很高的史学价值和学术价值。

2008年4月6日—16日，在中国美术馆举办"百年郭味蕖——纪念郭味蕖先生诞辰一百周年艺术大展"。集中展示他最具代表性的花鸟画、山水画、书法、篆刻作品,他早年的油画、装饰绘画、艺术设计作品,以及他的著作手稿、笔记、教案、速写、信件、包括"文革"中的材料等。通过介绍他的文化背景、成长、学习、收藏、交友等方面,全面反映先生的人生历程和艺术成就。

2008年4月,由《名家》(图1-7)杂志社出版发行《隆重纪念郭味蕖先生诞辰100周年特刊》,特刊由"大师风范"和"名家风采"两部分组成。"大师风范"发表了郭味蕖的部分著述和其家人、学生的回忆性文章:郭味蕖著《花鸟画的继承与革新》《花鸟画的学习和创作》《四川行日记》《花鸟画教学大纲》《花鸟画教学提纲》;郭莫琮著《游鲲独运、凌摩绛霄——郭味蕖绘画艺术之路》,郭玫琮著《回忆我的父亲郭味蕖》,范曾著《永托旷怀——记恩师郭味蕖》,郭绵琮著《江山图胜归图写》,郭怡琮著《郭味蕖年表》。"名家风采"主要刊登了郭味蕖后人的部分作品和评论文章。

2010年,刘曦林著《内美深蕴、复归自然——郭味蕖绘画艺术研究》收录于《现代鲁籍中国画名家研究》,由人民美术出版社出版;雒青之著《推开现代花鸟画艺术之门》刊登于《中国书画》近现代专题。2010年,曹庆晖著《析"三位一体"与中央美术学院第一代中国画教学集体》刊登于《美术研究》2010年第3期;2011年,马明宸著《郭味蕖花鸟画艺术变革的基本角度与特色》刊登于《书画世界》2011年3月号总第144期。

综观郭味蕖研究已走过四十年的历史,学术界的学者、专家的发言、论文、著作,主要围绕郭味蕖的学术成就和在花鸟画的推陈出新过程中的各种成功探索和取得的成就,以及对中国花鸟画教学所作出的贡献。主要论述的着眼点有如下几方面的内容:一是关于"四个家"的论述；二是关于"写实派"和"传统派"的不同论述；三是关于"学者型画家"的论述；四是关于"小写意花鸟画"、风格、成就的论述；五是关于"通变"的论述；六是关于对郭味蕖深感惋惜的论述。

一、关于"四个家"的论述

"四个家"指学术界对郭味蕖在四个不同领域做出贡献并取得成就的认同，即认为郭味蕖是"我国著名画家、美术史论家、美术教育家、艺术鉴藏家"。

刘曦林是最早研究郭味蕖的专家，多次主持过郭味蕖的研讨会，他在发言中说："郭先生是非常有成就的学者型画家，他是画家兼学者，兼美术史家，又是美术教育家。"①他在《郭味蕖传》中说："郭味蕖是一位杰出的花鸟画家、有成就的美术史家，同时又是一位优秀的美术教育家。"②

薛永年说："郭味蕖先生作为学者型画家、美术史学家、美术教育家在本世纪中国画发展中做出突出贡献，在这世纪之交来进行深入研讨，有着更不寻常的意义。……他也与基本上靠文字记载来研究的人不一样，他是收藏鉴赏家，把传统鉴赏与画史研究结合起来也是他的重要特点。"③第一次提出了郭味蕖"四家"说。此后，"四家"说被学界普遍认同并被广泛使用。

姚舜熙撰文从"一画家郭味蕖、二鉴定家郭味蕖、三学者郭味蕖、四美术教育家郭味蕖"作了全面的论述。其中"学者郭味蕖"分别从金

---

① 刘曦林在"郭味蕖艺术研讨会"上的发言载郭怡孮编著《画家·学者郭味蕖纪年》，人民美术出版社，2008年3月，第298页。

② 刘曦林著《郭味蕖传》，山东美术出版社，1998年9月，第173页。

③ 薛永年在"纪念郭味蕖诞辰九十周年学术研讨会"上发言载郭怡孮编著《画家·学者郭味蕖纪年》，人民美术出版社，2008年3月，第296页。

石考据学、书画鉴藏、古代画家的个案研究、现代画家的研究、美术工具书的研究、中国版画史的研究、花鸟画史及创作理法的研究等七个方面作了论述，也就是美术史论研究，"学者郭味蕖"实指"美术史论家郭味蕖"。①

2008年4月，李媛在"东方书画网"撰文《百年郭味蕖艺术生命在山水画里延续》时说："今年是我国著名画家、美术史论家、美术教育家、艺术鉴藏家郭味蕖先生诞辰一百周年。"这是最为完善和准确表达的"四家"说。

2011年，马明宸说："郭味蕖先生（1908—1971）是我国著名画家、美术史论家、教育家、艺术鉴藏家，1908年出生于山东省潍县（今潍坊市）的一个文化世家。"②

二、关于"写实派"和"传统派"的论述

关于郭味蕖的绘画风格或称之为流派存在着两种观点：一是翟墨、邵昌弟为代表的"写实派"；二是以郎绍君、薛永年为代表的"传统派"。

1998年4月，在山东潍坊召开的"郭味蕖故居纪念馆开馆艺术研讨会"上翟墨说："我觉得郭味蕖是在徐悲鸿开创的素描加水墨这条路上往前发展的，正像曦林先生介绍的，他是徐悲鸿先生最后一位推荐到中央美术学院的教授，他是沿着这条素描加水墨的路子向前发展。"③不过，以"他是徐悲鸿先生最后一位推荐到中央美术学院的教授"为由认定郭味蕖也是"沿着这条素描加水墨的路子向前发展"缺乏理论根据，况且，徐悲鸿的中国画也不是"素描加水墨"的艺术。徐悲鸿曾自谓：

① 姚舜熙著《穷研·旷达与才情——论郭味蕖的学术人生》（未发表）。
② 马明宸著《郭味蕖花鸟画艺术变革的基本角度与特色》，《书画世界》，2011年3月号，第14页。
③ 翟墨"郭味蕖故居纪念馆开馆艺术研讨会"上发言纪要（未发表）。

"建立新国画，既非改良，亦非中西合璧，仅直接师法造化而已。……尊重先民之精神固善，但不需乞灵于先民之骸骨也。"①

邵昌弟认为："郭味蕖是这一时期（进入二十世纪，中国画经历着由古典形态向现代形态的转型）最具成就和最有开拓性的花鸟画家之一。他在深入理解和把握传统写实精神的基础上融西画造型之长，在形式上对传统技法进行重组和创新，加强了技法的综合运用，并突出其对比因素。在形象塑造上重视写生造型，从生活中创造新的典型形象和典型环境，充分表现现实生活的本质，形成了自己独特的具有写实性的写意法。……他应该属于中西结合型的以中为主、以西为辅的写实派。"②

吴冰说："郭味蕖绘画的写实性可以这样理解，他很重视写生的方法，认为'本是中国古代画家所久已使用的方法，自西洋美术理论传入以来，写生更成为学习美术的必经途径'。并提出'三写（写生、速写、默写）是培养正确造型能力的基本功，是收集创作素材的主要途径'。从吸收西方的写实的造型和运用平行透视、焦点透视这两点来看，就可以说他是结合了写实派的因素。但是，只简单地说他就是属于'写实派'，显然不够准确全面。"③

潘公凯在《对中国美术现代性的反思与探索》一文中说："要对二十世纪中国美术作出整体的把握和梳理，就要回到二十世纪社会救亡图存的基本事实。我们把'自觉'作为后发现代性判定标识，并归纳为'传统主义''融合主义''西方主义''大众主义'——这也是中国美术的现代主义。"他在"融合主义"的论述中说："'融合主义'主张以中西艺术为坐标，各有短长，可以互补以创造新时代的艺术。中国

① 陈传席著《中国艺术大师——徐悲鸿》，河南美术出版社，2009年8月，第120页。
② 邵昌弟著《郭味蕖写意花鸟画的写实性》载香港"名家翰墨丛刊"《中国近代名家书画全集·29郭味蕖—花鸟》，翰墨轩出版有限公司，1998年11月，第88页。
③ 吴冰著《得江山之助——郭味蕖花鸟画的创新性研究》，2008年（未发表）。

艺术家从自身文化心理结构和民族习惯需要出发加以择取，并与本土艺术观念和形式语言融合起来，探索新的表现形式和内容风格。蔡元培的'中西短长互补'，徐悲鸿'西方画之可采入者融之'和林风眠'调和东西艺术'的主张，使融合主义在形式语言范畴里显现出具有广泛社会政治适应性的学术内涵。"①

至此我们知道无论是翟墨还是邵昌弟所认为的都可以归入"融合主义"，是属于徐悲鸿体系的"写实派"。但二十世纪的"融合主义"是一个很大的艺术范畴。所以，郎绍君在《以传统为本——论郭味蕖》一文中，从20世纪那个特殊的社会历史时期，画家们面临的种种选择来入手分析，认为在当时兼学中西是社会的主流，很多画家都没法回避，总结之后，他认为王雪涛、傅抱石、李可染、郭味蕖式的以传统为本的中西融合（中体西用），与林风眠或徐悲鸿式的以西画为根基的中西融合（西体中用），与关良、丰子恺或陶冷月式的特异风格的中西融合一样，都极富启示性和研究价值。而且，"对中国画而言，像郭味蕖这样以中国传统为本的中西融合具有特别意义。吸收外来营养而又充分保持自己的传统特色，是独立的民族艺术所应有的品质，也是多元化存在的基本前提"。他认为郭味蕖不属于徐悲鸿学派的中西结合型画家，而是属于"借鉴了某些写实因素、以传统风格为本的广义的融合派，或者说是吸收了西画因素但不显痕迹的传统风格画家。"这一点他做了严密的论证，是不同于其他研究者的独特观点，并且说："郭味蕖要拒绝的，是肤浅的'中西合璧'。他的经验是，与其两方面都不深入，不如立足并深入一方。"从而得出了"以传统为本"的证据。②

对于郭味蕖是属于中西融合的"写实派"还是吸收了西方因素的

① 潘公凯著《对中国美术现代性的反思与探索》载《中国社会科学报》，2010年5月30日。
② 郎绍君著《以传统为本——论郭味蕖》载《国画家》，2000年第四期。

"传统派",薛永年的观点也不同于翟墨和邵昌弟,作为美术史家,薛永年主要从美术史的角度对郭味蕖的成长历程、学术特点和艺术成就给以高度的评价。他认为郭味蕖的艺术是"学通承变",通过对画史的研究总结,通过对历史的把握才进入绘画的创新境界,而非结合西方艺术才得以创新。他在其论著《学通承变·画寄真情——郭味蕖的治学精神与绘画成就》一文中说:

> 遍观郭味蕖的著作和文章,可以看到三大特色。其一是从基础研究入手,既不忽视文献资料,又看重经过鉴别的作品,善于把美术史研究与美术文物的鉴别考证研究结合起来,并以史学的方法和超越前人的眼光进行梳理。其二是突破了传统美术史著作重文人而轻工匠的偏见,把古代民间工匠艺术家的伟大创造视为研究的重要内容。其三是从推动中国画顺应时代的变革需要出发,根究民族美术的发展规律,从画史的演变中有分析有批判地总结历史经验,把融会贯通的系统知识上升为用以指导创作的理论认识,密切了和当前美术创作的关系。正是这种研究,使他不仅不忽视文人画,而且比前人更看重行家画和民间年画、版画,还使他能够看到工笔写生与率笔写意间的相辅相成,洞悉师造化与师古人的辩证关系,最终从整体上、从发展中把握了传统的精髓、变革的要义和既不断发展又一以贯之的民族绘画特点。[①]

薛永年的看法与郎绍君的认识比较一致。"一以贯之的民族绘画特点",也就是"传统派"。

---

① 薛永年著《郭味蕖的治学精神与绘画成就》载郭怡孮、邵昌弟主编《百年郭味蕖》画集,人民美术出版社,2008年3月,第9页。

由此可见，一个大艺术家的特点就是他身上和作品中具有丰富的内涵，从任何一个角度都可以进行解读。甚至还可以用"大众主义"①去解读郭味蕖的艺术。经过以上的梳理我们可以更加清楚地看到——郭味蕖的中国画艺术是"以传统为本"，同时也吸收了"融合主义"和"大众主义"因素的艺术。

三、关于"学者型画家"的论述

关于郭味蕖"学者型画家"的讨论，最早见于刘曦林著《山灯花放满背香》一文，他认为郭味蕖是"中西兼通的画家学者"。②1998年以来他先后主持了三次郭味蕖的艺术研讨会，撰写了《郭味蕖传》，其中第二十章以"学者型的艺术家"为题，予以全面地介绍和评述。很快就被理论界认同并广泛使用在各种评述郭味蕖的场合和著述中。

郎绍君在1998年举行的郭味蕖研讨会上说："郭先生这样的学者型艺术家，有全面的文化素养，有了高的文化素养才有眼界、才有心胸，才能对各种艺术以及艺术以外的东西发生一种通感，具有通联起来的能力，没有这种能力就没有想象的能力，没有创造性，从郭味蕖身上我们可以得到很多启示。"③

① 潘公凯著《中国美术现代性的反思与探索》载《中国社会科学报》，2010年5月30日。文中指出："大众主义"指的是20世纪中国美术中一种内容丰富、具有内在联系和完整过程的社会趋向、策略选择与功能承担。它不仅指"由大众创作""为大众的美术"和"大众化的美术"，它的产生体现了有目标的自上而下的精英化行为；它的传播体现了社会性的集体努力；它的主题具有明确的政治倾向和教育目的；它在艺术上体现了以现代性建构为目的的民族化追求；它反映了"五四"之后艺术家普遍的忧患意识和艺术上民族意识的觉醒，以及对艺术的社会政治功能的自觉承担。毛泽东及其思想对大众主义美术具有转折性的指导作用。

② 刘曦林著《山灯花放满背香》载《郭味蕖画选》，人民美术出版社，1988年4月，附文第1页。

③ 卢林整理《新花鸟画的一声春雷——郭味蕖艺术研讨会侧记》，刊登于《美术观察》1999年3月。

薛永年说："郭味蕖是一位学者型画家。他治学与绘画并进，以根究承变的实践精神和严肃务实的进取意识，开拓了美术史的研究领域，并且在以学养真知推动中国花鸟画的古今转型上，为传统花鸟画注入了生机活力，……"①第一次用"学者型画家"而不是"学者型艺术家"。因为"艺术家"一词过于宽泛，可以是画家、音乐家、诗人、舞蹈家，等等。

后来刘曦林在"郭味蕖先生学术研讨会"发言中也改用"学者型画家"，他说："在二十世纪中国美术史上郭先生是转换文人画的一个代表性人物，有不可取代的地位和重要影响，郭先生是非常有成就的学者型画家，他是画家兼学者，……"②

尽管理论界对"郭味蕖是一位学者型画家"已基本普遍认同，但詹庚西对此提出了一些疑虑，他说："对今后有的负面影响，怎么界定？对前人画家怎么界定？谁是谁不是？以后的画家谁是学者型，谁是谁不是？"③所以说，对此命题的进一步澄清并加以明确还是有必要的。"学者"一词有两种解释：一是指"求学的人"，二是指"志学之士，有学问的人"。④在此当然是指第二种解释，"学者"与"画家"相对应，也就是指与"画家"有关的"学问"，即指美术史、美术理论、美学、

① 薛永年著《学通承变·画寄真情——郭味蕖的治学精神与绘画成就》载《美术观察》，1999年第3期。
② 郭怡孮、邵昌弟主编《百年郭味蕖》画集，人民美术出版社，2008年3月，第8—9页。
③ 詹庚西在"郭味蕖诞辰90周年艺术研讨会"发言（录音，未发表）。"谈到郭先生是学者型画家，这一点我认为值得考虑。我认为郭先生属于伟大的画家，还是美术理论家和美术教育家，这样比较确切，如果说是学者型画家，这样讲，对前代画家和以后的画家如何界定？我觉得这是一个新的问题。比如前代画家谁是学者型画家，后来的画家谁不是学者型画家？前些日子在报纸上看到李燕也提到是学者型画家，如果李燕是，那么我认为周思聪学问也挺好的，是不是也可以说是学者型画家？对今后有负面影响，怎么界定？对前人画家谁是谁不是？以后的画家谁是学者型，谁是谁不是？"。
④ 见《辞源》修订本，商务印书馆，2009年，第796页。

诗词等相关的学问。所以吕鹏在其《浅谈"学者型画家"》一文中给学者型画家所下的定义是："那些既在学术领域如美学、美术史、美术理论上有独到见解，并取得一定成就，形成自己比较完整的审美经验，可以被称为'学者'的；同时又在绘画的实际操作中有着高超的技巧，形成独特的风格样式，被誉为'妙绝一时'之能手的人，便是'学者型画家'。"①按这样的解释，给"学者型画家"定位，明显还有一些不足之处，如"形成自己比较完整的审美经验，可以被称为学者的"，我认为"形成自己比较完整的审美经验"，并不能说明其就是"学者"，因为，不是学者的画家也可以形成自己比较完整的审美经验。作为学者首先要有专门学问和相应的著作。根据以上要求，郭味蕖先生被称为"学者型画家"绝对是当之无愧的。不过詹庚西的担心不是没有道理的，学界今后对"前人"画家、"今人"画家再使用"学者型画家"一词时理当慎重论证为好。

四、关于"小写意花鸟画"、风格、成就的论述

刘曦林在《郭味蕖传》一文中说："他作画很快，看起来却像慢功，在那敏捷的笔致里流贯着运气的秩序，一笔画的整体气韵，又笔笔有着落，处处有照应，自然而然地形成了与自己的心律相谐和的书生般的小写意风度。"②孙美兰讲道："他于当代大写意花鸟，于工笔花鸟之外，独树新帜，在北方又开一派兼工带写的小写意花鸟之先河。"③范曾在《永托旷怀——记恩师郭味蕖》一文中说："他的画无疑是当代小写意花鸟画的巅峰之代表。与王雪涛先生不同之处为：雪涛俏劲绚烂，而

---

① 吕鹏著《浅谈"学者型的画家"》刊登于《美术向导》，2003年第2期。
② 刘曦林著《郭味蕖传》，山东美术出版社，1998年10月，第138页。
③ 孙美兰撰文委托工作人员在"郭味蕖诞辰90周年艺术研讨会"上宣读的发言（录音、未发表）。

先生则俊逸清脱。两峰并峻，同为当代小写意花鸟画之大师，与大写意花鸟界之李苦禅、潘天寿并称当代花鸟画界之'四杰'。"[1]薛永年也明确指出："他的小写意花鸟画在建国后的画坛上别出心裁地异军突起，赢得了同行专家与广大读者的一致称赞。"还说："……并且在以学养真知推动中国花鸟画的古今转型上，为传统花鸟画注入了生机活力，刷新了小写意花鸟画的面貌。"[2]

由此可见，学界对郭味蕖的画风"小写意花鸟画"的认知是比较一致的。不过，在郭怡孮、邵昌弟编著的《郭味蕖花鸟画技法》一文中写道："我们可以说这些成功的技法探索，是构成他自家风貌的重要因素。就外在形式而言，他的画已不同于原来的小写意、大写意、没骨、工笔以及半工写的传统形式，而应该说是一种新形式了。"[3]

对于郭味蕖的"新形式"，我想学界的认识理当是一致的。不过风格和形式虽然有关联，但又有区别，工笔也有新形式和旧形式，写意也有新形式和旧形式。我个人认为对郭味蕖的风格表述无论是"小写意花鸟画"或"新形式"都不够全面和准确。如薛永年"刷新了小写意花鸟画的面貌"的表述比较接近，应当把"小写意花鸟画"和"新形式"合二为一，即"新型的小写意花鸟画"更为恰当。

1992年4月21日，在郭味蕖故居陈列馆开馆的艺术研讨会上许麟庐说："他的画风是在深厚的传统基础上，博取众长，他是粗细结合，所谓粗细结合就是兼工带写，……可以说在我们国内是独树一帜，别具风格的一位大画家。"[4]这里所说的"兼工带写"画风，也就是通常所指的

---

① 范曾著《永托旷怀》刊登于《中国画家》，2008年2月，第31—32页。
② 薛永年《学通承变，画寄真情——郭味蕖的治学精神与绘画成就》载《美术观察》，1999年第3期。
③ 郭怡孮、邵昌弟著《郭味蕖花鸟画技法》，人民美术出版社，1993年12月，第91页。
④ 许麟庐在"郭味蕖艺术研讨会"上的发言纪要，载郭怡孮编著《画家·学者郭味蕖纪年》，人民美术出版社，2008年3月，第280页。

"小写意"画风。2007年12月8日，在"百年足迹——纪念李可染、叶浅予、刘凌沧、郭味蕖百年诞辰暨四大教授艺术成就与教学思想座谈会"上潘公凯院长说："郭味蕖先生是二十世纪最具代表性的花鸟画大家，同时又是著名的美术史论家，他所著的《宋元明清书画家年表》《中国版画史略》《写意花鸟画创作技法十六讲》是现代美术的重要文献。"范迪安在"郭味蕖艺术研讨会"上说："二十世纪美术是在走向现代。只有少部分优秀的大家，完成了这个课题，从而树立了各种典范。郭味蕖先生盛期的艺术与他学习西画、研究历史、研究中国文化和周边艺术的逐渐积累这个大背景是分不开的。当他转到用中国画语言作为着力点的时候，他全部的修养都在这里体现出来。现在我们面对他的画，仍然可以感到有一种非常牢靠的现代感，他很好地完成了历史给予的课题，留下来的是典范作品。"[1]范迪安对郭味蕖艺术的评价和定位是十分准确和到位的。钱绍武在"郭味蕖故居陈列馆开幕纪念会"上发言时说："郭先生是继往开来的在中国美术史上的大画家，他的影响很大，学生千千万万，很多学生都成为当前美术界的中坚力量。"[2]但我们知道，郭味蕖在中央美院国画系上课的时间并不长，大约就是六七年时间，直接的学生没有多少，学他的人却很多。"学生千千万万"进一步说明："他的影响很大"。

杭间在"郭味蕖艺术研讨会"上发言说："我确实感到郭先生是一位没有被充分认识的大师，他的花鸟画创作在中国现代绘画史上的影响是非常深远的。"[3]李魁正著《论郭味蕖的花鸟艺术》一文中说："历史上每一个时期都会产生具有时代风范的艺术大师，所谓时代风范

---

① 范迪安在"郭味蕖艺术研讨会"上的发言，《中国画家》，2008年2月号，第25页。
② 钱绍武在"郭味蕖故居陈列馆开幕纪念会"上的发言，《中国画家》，2008年2月号，第25页。
③ 杭间在"郭味蕖艺术研讨会"上的发言，《中国画家》，2008年2月号，第25页。

是具有一定前导性，并对绘画历史发展起推动作用的典型艺术风格与代表。郭味蕖先生则是20世纪中后叶我国当之无愧的具有时代风范的花鸟画艺术大师。"①2005年11月，范曾著《永托旷怀——记恩师郭味蕖》一文中说："他是一个值得敬爱的大师，他光明磊落的一生是这个结论的最好诠释。……我对敬爱的郭味蕖先生的艺术永远取仰视的角度，读他的文，深文隐蔚，睿智隽永，然而语言质实、不假华藻；读他的画，以大观小，天籁爽发，看似平易近人的书画，却使人'仰之弥高，钻之弥深；瞻之在前，忽焉在后'。那是一个不容易达到的至高至深的境界。"②2009年10月14日，署名"南山人"在其日志中撰文《二十世纪小写意画大师——郭味蕖》时说："郭味蕖是大师，是涵养深厚、温文尔雅、虚心好学、天资高迈、涉猎广泛的大师。"2009年雒青之撰文《推开现代花鸟画艺术之门》一文中说："我认为郭味蕖精致、细腻、典雅的绘画语言，使他成为20世纪下半叶最为成功的花鸟画大师。"③

以上是学术界对郭味蕖在二十世纪美术史上关于"小写意花鸟画"、风格、成就的论述和评价。

五、关于"通变"的论述

郭味蕖是一位难得的饱学之士，是一位学者型画家，学以贯通，变革出新。"通变"是郭味蕖艺术的最关健也是最显著的特点。但这方面的论述不是很多，散见于各种研讨会的发言、论文和著作中，其"变"的论述较多，其"通"的论述较少。

刘曦林在《山灯花放满背香——郭味蕖的艺术里程》一文中认为

---

① 李魁正著《论郭味蕖的花鸟画艺术》，《中国画家》，2008年2月号，第25页。
② 范曾著《永托旷怀——记恩师郭味蕖》，《中国画家》，2008年2月号，第30—31页。
③ 雒青之著《推开现代花鸟画艺术之门》载《中国书画·近现代专题》，2009年9月，第26页。

郭味蕖是："中西兼通的画家与学者。……中、西绘画两层根基，史论与实践双轨同步，是中国近、现代诸如陈师曾、黄宾虹、徐悲鸿、林风眠、刘海粟等许多大艺术家的共同道路，郭味蕖也是这条造就大师的道路上的后来者。这条画家兼学者的广采博取的道路，充实了他的学养，并使他得以从纵的历史演变及横向的对比联系中得以把握了艺术变革的规律，为其更新花鸟画艺术的观念，攀登花鸟画的新高峰奠定了基石。"[①]文中暗含着经由古今相通、理艺相通从而进行花鸟画变革所取得的成就。不过"通变"的主题是不够明确的。

在这个问题上薛永年著《学通承变、画寄真情——郭味蕖的治学精神与绘画成就》一文，明确了"学通承变"的主题，他认为："受家学的熏陶和故乡文化的哺育，郭味蕖自幼便钟情于书画金石，稍长便接受新文化运动的影响钻研西画，毕业于上海艺专西画科。他成为学者型的重要契机，是30岁之际考入设在故宫博物院内的古物陈列所国画研究室，日夕与研究室的导师黄宾虹接触，在沉浸于古代绘画名迹的同时，产生了穷民族绘画之理，通古今之变的强烈意识。"[②]并系统地论述了郭味蕖治学的特点和广泛涉猎的研究内容，找到了郭味蕖花鸟画变革的思想基础和理论根源，以及"学通承变"的内在关系。最后说："他治学致广尽精而根究艺术规律，他为反映新时代而兼采西法，更跳出文人画的窠臼，他吸收作家画、民间画以整合传统并使之发扬光大的精神，对于启示世纪之交的中国画家，显然具有重大意义。"[③]这是学者型画家郭

---

① 刘曦林著《山灯花放满背香——郭味蕖艺术里程》载《郭味蕖画选》，人民美术出版社，1988年4月。
② 薛永年著《学通承变·画寄真情——郭味蕖的治学精神与绘画成就》，《美术研究》，1999年第3期。
③ 薛永年著《学通承变·画寄真情——郭味蕖的治学精神与绘画成就》，《美术研究》，1999年第3期。

味薁的最大特点，既有广博的"学承"又有成功的"通变"。由于这是一篇大约八千字的论文，受篇幅所限，文中的论述侧重古与今、理论与实践的"学通承变"及其花鸟画革新成就。还有多方面的内容未作全面的展开。因此薛永年对郭味薁"学通承变"的学术命题和理论评述给予我良多的启示，也是本篇论文"通人郭味薁"命题的思想根源和理论基础。

2008年吴冰著《得江山之助——郭味薁花鸟画的创新性研究》，是一篇博士论文，论文主要分五个部分进行论述：一是引言，二是郭味薁花鸟画"创新"的思想基础，三是创新的动因与条件，四是郭味薁花鸟画"创新"的自觉与展开，五是余论。他在中文提要中总结说："理论上，他在结合花鸟画教学经验的基础上，总结出'临摹、写生、创作三位一体；理论、生活、技巧共同进步'的花鸟画教学原则，这个原则也适用于他的花鸟画创新。实践上，以积极入世的儒家思想和唯物辩证法为指导，以中西兼顾的绘画的全面修养为理论支撑；以时代性、人民性为原则，广泛吸收古今中外从学院到民间艺术的营养，以明清写意花鸟画为主体，以写生为主要手段，创造出一种欣欣向荣的具有鲜明时代性的新型小写意花鸟画，留下很多优秀作品。"[1]其论文的着力点在变革和创新。对郭味薁"学承"方面的论述还有待充实。

六、关于对郭味薁深感惋惜的论述

1971年12月21日，散翁未得放翁之寿，"通人"郭味薁过早辞世，年仅64岁。学界对于失去一位学贯古今、中西的饱学之士和"学者型画家"而感到惋惜。

刘曦林委婉地说："他本有一颗明丽的心，他本是一位美的歌者，只是个人无法摆脱的社会现实，将他抛向悲剧的深渊，将他扼杀在向高

---

[1] 吴冰著《得江山之助——郭味薁花鸟画的创新性研究》，博士论文（未发）。

峰进发的中途。像潘天寿、石鲁那样，他没有走完自己的路。"①潘絜兹说："……他画格超迈，才识过人，又正届艺术的秋收季节，可是他没有来得及收获，就离开了他一生辛勤耕作，心血浇灌的土地。"②郎绍君说："郭味蕖的艺术在60年代趋于成熟，但没有臻于巅峰。"③

　　这些都是对郭味蕖英年早逝深表惋惜同时暗含着对郭味蕖艺术还没有完全达到"大成"之境的感叹。强调了时间因素对画家的影响，也是有一定道理的，中国画讲求笔墨功夫，重视积累，强调"人书俱老"贯通无碍的"化"境。不过，中国绘画还有两个更为重要的因素，那就是性灵和学问，没有性灵就不能驾驭笔墨，没有学问就无法表这思想。绘画艺术是精神世界的产物，在古今中外的艺术史上有无数"天才"的创造。刘勰在《文心雕龙》一书的结尾中说："生也有涯，无涯惟智，逐物实难，凭性良易。"④总之，人生有限，无穷的只有学问。用有限的生命追逐无穷的知识，的确有困难；凭借天赋才情抒写自己的性灵那就容易了。郭味蕖的艺术不仅抒写性灵，而且反映时代。他在有限的生命里，凭借自己的天赋才情，且经过"通人"之学的不懈努力，到达了"道尚贯通"的化境，开拓了花鸟画的新风格、新境界，树立了成功的典范。受此启发，于是有了"道尚贯通·艺贵出新"——通人郭味蕖的追求与创造的论文命题。

---

① 刘曦林著《郭味蕖传》，山东美术出版社，1998年9月，第2页。
② 潘絜兹著《学如耕稼到秋成》载《郭味蕖画集》，人民美术出版社，1984年。
③ 郎绍君著《以传统为本——论郭味蕖》载《国画家》，2000年第4期。
④ 刘勰著《文心雕龙·序志》，华文出版社，2007年12月，第378页。

第二节 "通人"传统和"通人"郭味蕖研究的基本思路

"通人"指学识渊博通达的人。《史记·田敬仲完世家》太史公曰："盖孔子晚而喜易。易之为术，幽明远矣，非通人达才孰能注意焉！"汉王充《论衡·超奇》："通书千篇以上，万卷以下，弘畅雅闲，审定文读，而以教授为人师者，通人也。"这是《辞源》对"通人"的解释。在《汉语大词典》中对"通人"的解释是：学识渊博通达的人。在《辞海》中对"通人"的解释是：学识渊博贯通古今的人。"通人"与"通才""通儒""通学"的意义相近而又各有所指。"通才"指博学多识，才能出众之人。"通儒"指博通古今，学识渊博的儒者。"通学"指精通学问的门人，尤言高材生。不难看出，"通人"的内容更加丰富，外延更加广泛。可作为通才、通儒、通学的总称或代名词。

刘梦溪在《中国现代学术要略》中说："诸子百家之说，与其说是哲学莫若称之为思想学说更加恰当。所以中国历史学科中有思想史一门，而中国学术史实为学术思想史也。如果说清末民初的学者，其第一流的人物所成就的还是通人之学，后五四时期的学者则更重视个案的处理，往往对某一学科的一个分支的研究即可称名家。因此专家的地位越来越突出，通人之学反而不为时尚所重了。这种情况，既是传统学术走向现代的一个标志，也是固有学术向现代转变付出的代价。因为人文学科任何时候都需要通才通儒通学。"①

可见，中国传统学术向现代学术转变，有一个理念上的分别，即传统学术重通人之学，现代学术重专家之学。就学术的分类而言，王国维认为不出三大类的范围，即科学、史学、文学。史学和文学也就是中

---

① 刘梦溪著《中国现代学术要略》，三联书店，第103页。

国传统学问中所谓的文史之学，哲学和艺术也应该包括里面。西方人称绘画是科学，而中国人称绘画是"道"。中国传统学术既讲学，又讲道。"道可道，非常道。"[1]道这个概念讲起来很麻烦。所谓"道"就是老子《道德经》所说的"世间万物齐于一"即"道"。"道"有"天之道"和"人之道"，天之道是指自然规律，人之道是指社会规律。又说："道生一，一生二，二生三，三生万物。万物负阴而抱阳，冲气以为和。"[2]"道"是独一无二的，"道"本身包含着阴阳二气，阴阳二气相交冲而成均调和谐状态，即形成新的统一体。又说："人法地、地法天、天法道、道法自然。"[3]此"自然"不是自然界的自然，而是"自然而然"的自然，"道"的法则是自然的，讲的是平衡上下、融合天地、虚实相生、顺其自然，文以载道，"道"是恒长的。《庄子·人间世》也说："唯道集虚"，"虚"为"道"之本也，"术"为"道"之末也。"道"和"术"是体和用的关系。"道"标识着学问的方向。学各有所别，学中之道是相通的。刘梦溪认为："现代一点说法，倘若撇开历史上各家各派赋予道的特殊涵意，不妨可以看作是天地、宇宙、自然、社会、人情、事物所固有的因果性和规律性，以及人类对它的超利害的理性认识，甚至可以包括未经理性分疏的个体精神的穿透性感悟。如果把道与西哲所论之信仰联系起来，则终极关怀一词也许近于道。学中之道，兼有这两个方面的特征。因此做学问贵在打通，无道则隔，有道则通。"[4]

　　中国传统文化自古就是"通人"之学。一部《易经》就涵盖了天文、地理、阴阳、五行、术数、文学、哲学，以及宇宙间的万物万象。

---

① 老子《道德经》，安徽人民出版社，1990年5月，第1页。
② 老子《道德经》，安徽人民出版社，1990年5月，第119页。
③ 老子《道德经》，安徽人民出版社，1990年5月，第71页。
④ 刘梦溪著《中国现代学术要略》，三联书店，第8页。

孔子到五十岁才开始学《易经》，所以他说五十而知天命，六十而耳顺，七十而从心所欲，加二十年学《易经》的心力，他认为得了道。传说《易传》即《十翼》就是他学习《易经》的心得报告，文辞美极了。孔子《易》张《十翼》的智慧实在是太丰富了，自古以来，中国人一直把《周易》当作人生的宝典。《周易·系辞上》曰："是故，圣人以通天下之志，以定天下之业，以断天下之疑。"①还有宋代沈括所著《梦溪笔谈》，也是我国古代涉猎面最为广博的科学技术著作。原书共30卷，609条，涉及数学、物理、化学、医药、文学、史学、考古、音乐、美术、军事、工程、技术、宗教和法律等众多学科，堪称为"中国古代科技第一百科全书"。②在中国的文化史上此类的例子是举不胜举的。而中国"通人"的传统，其实就是中国"士"的传统，如果，从孔子算起，中国"士"的传统至少已延续了两千五百年，而且流风余韵至今未绝。中国理学强调"格物、致知、诚意、正心、修身、齐家、治国、平天下"的序列及交互的生命义理，"士"所追求的是"内圣外王"的"经世"之学，"通古今、决然否"可以说是"士"的特性，都有大道知行、明道救世的使命感。这是中国"士人"入世而重精神修养的显著文化特色，这种显著的文化特色就是中国文化通人的传统。当然不是所有的"士人"都能到达"通人"的境界，但，"通人"一定是学识渊博，知行合一，道尚贯通的饱学之"士"。

中国绘画是视觉艺术，而对其的研究构成了一个学术性的学科——中国画学，它在方法和价值观上属于文史之学的传统学问。所以中国绘画和中国画学是艺术实践和艺术理论的关系。艺术理论来之于对艺术实践的研究，艺术实践需要艺术理论的指导。中国绘画的"通人"之

① 傅佩荣著《解读易经》，线装书局，2006年8月，第501页 。
② 沈括著《梦溪笔谈》，重庆出版社，2007年9月，封面。

学，首先需要在艺术实践和艺术理论上打通，即"艺理相通"。此中之"艺"，也可以称之为"技"，而此中之"理"，即中国绘画的规律性，也就是中国绘画之"道"。中国绘画是从"技"入"道"的艺术。可见，中国画的学问是"艺"中之道，而文史哲的学问既讲学又讲道是"学"中之道。凡学问皆贵打通，通则入道。

许江在《打造学院精英》一文中说："中华文化，源远流长。纵观中国艺术史，不难窥见，开时代之先的均为画家而兼画论家。一方面他们是丹青好手，甚至是世所独绝的一代大师，另一方面，是中国画论得以阐明和传承并带有发展的历史名家，是中国画史和画论的文献主角。他们同是绘画实践与理论的时代高峰的创造者。他们承接和彰显着中国绘画精神艺理相通，生生不息的伟大的通人传统。"①在中国的美术史上艺理相通的丹青好手层出不穷。如：

东晋画家顾恺之。博学有才气，工诗赋、书法，尤精绘画。著有《论画》《魏晋胜流画赞》《画云台山记》等。其"迁想妙得""以形写神"等论点，对我国传统绘画的发展影响很大。

南朝宋画家宗炳。精书画、通音律。主张"含道应物""澄怀味象"，著有《画山水序》，提出"畅神"之说。

南朝齐画家、评论家谢赫。工人物画，尤善肖像，精鉴赏，深研画学，首创"六法"之论，著有《古画品录》，为世所宗。

五代后梁画家荆浩。通经史、能诗文、善书法、工佛像，尤妙山水。著有《笔法记》一卷，提出气、韵、思、景、笔、墨"六要"，以及笔有筋、肉、骨、气"四势"之说。

北宋画家郭熙。工画山水，取法李成，而能自放胸意。深究画理，取景方法上提出高远、深远、平远的"三远"法。著有画论《林泉高

① 许江著《南山博文总序·打造学院精英》，中国美术学院出版社，2004年9月。

致》，影响深远。

北宋文学家、书画家苏轼。擅长行书、楷书。与黄庭坚、米芾、蔡襄并称"宋四家"。能画竹石、古木、佛像，出笔奇古。论画力主"神似"，并提出"士夫画"（即文人画）之说。著有《东坡七集》《经进东坡文集事略》等。

北宋书画家、鉴赏家米芾。能诗文、擅书画、精鉴别，好收藏名迹。行草书俊迈豪放，与蔡襄、苏轼、黄庭坚合称"宋四家"。善画山水，出自董源，多用水墨点染，不求工细。子友仁继承父法，有所发展。史有"米家山""米氏云山"和"米派"之称。著有《书史》《画史》《宝章待访录》等。

元代书画家、文学家赵孟頫。精通音乐，善鉴定古器物，于书法、绘画成就尤高。其书法篆、籀、分、隶、真、行、草无不冠绝。其绘画皆以笔墨圆润苍秀见长，以飞白法画石，以书法用笔写竹。自谓："作画贵有古意，若无古意，虽工无益。" 著有《松雪斋文集》十卷（附外集一卷）。

明代文学家、书画家徐渭。工书法，学米芾，行草纵逸飞动。中年始学绘画，涉笔潇洒，天趣抒发，特长花鸟。用笔放纵，水墨淋漓，气势旺畅。有戏曲论著《南词叙录》、杂剧《四声猿》、诗文《徐文长全集》《徐文长佚传》《徐文长佚草》等。

明代书画家、鉴赏家董其昌。才华俊逸，好谈名理，善鉴别书画。其书法分行布白、疏宕秀逸，自成一派。与邢侗、米万钟、张瑞图并称"明末四大书家"。其绘画以山水为工，讲究笔致墨韵。以禅论画，分为"南北宗"，推崇"南宗"为文人正脉。著有《容台集》《容台别集》《画禅室随笔》《画旨》《画眼》等。自称作画须"读万卷书，行万里路"。后人多奉为信条。

清代书画家、画学理论家原济。擅画花果兰竹，兼工人物，尤擅山水，画名极盛。与弘仁、髡残、朱耷合称"清初四高僧"。精释、道、儒三教哲理，又深究画理，并融汇自己创作实践经验，著有《石涛画语录》十八章，影响很大。

清末篆刻家、书画家赵之谦。博古通今，精篆刻、书法，善画花卉蔬果。书、画、印皆臻神妙，独抒己意，开清末新风，影响深远。著有《二金蝶堂印谱》《悲盦居士诗賸》《补环宇访碑录》《六朝别字记》，曾总纂《江西通志》等。

近代画家陈衡恪。善诗文、书法，尤长绘画、篆刻。鲁迅对陈有"才华蓬勃，笔简意绕"的赞语。著有《中国绘画史》《中国文人画之研究》《染苍室印存》等。

现代书画家、画学理论家、诗人黄宾虹。创"五笔七墨"之说，所作山水元气淋漓，墨华飞动，浑厚华滋，意境深邃。工诗，善书法，兼治金石文字、篆刻，对画学深有研究。著有《黄山画家源流考》《虹庐画谈》《古画微》《中国画学史大纲》《宾虹诗草》等；编有《滨虹草堂藏古钵印》，还与邓实合编《美术丛书》；另有辑本《黄宾虹画语录》。

现代画家、鉴赏家、画学理论家郑午昌。工山水，兼擅花果。能自出机杼，不泥绳法，工而不刻，风采动人。精画学理论，尝谓"画不让人应有我"，主张"善师古人而自立我法"。亦善诗词书法。著有《中国美术史》《中国壁画史》《石涛画语录释义》，尤以《中国画学全史》见重艺林。

现代画家、画学理论家俞剑华。擅画山水，亦工花卉，为陈师曾弟子。著有《中国绘画史》、《国画研究》、《中国画论类编》上下卷、《中国壁画》、《中国美术家人名辞典》等。

现代书画家、美术教育家潘天寿。擅画写意花鸟和山水，远师徐渭、朱耷、原济等人，近受吴昌硕影响。作画主张："须有高尚之品德，宏远之抱负，超越之见识，渊博之学问，广阔深入之生活，然后能有所成就。"善诗、能治印，亦作人物画，并长于指墨画。其画破常规、创新格，笔墨浓重豪放、气势雄阔。著有《中国绘画史》《中国书法史》《治印谈丛》《无谓斋谈屑》《听天阁画谈随笔》等。对现代中国绘画影响很大。

现代画家、美术理论家傅抱石。善画山水、人物，崇尚革新，有所建树。画山水善于把水、墨、色融合一体，达到境界深邃、诗意盎然的艺术效果；写人物笔意远，潇洒入神。著有《中国绘画理论》《中国山水人物画技法》《中国绘画之研究》《中国美术年表》等。亦能篆刻，有印谱传世。

现代画家、鉴赏家郭味蕖。对金石、书画、考古、鉴别悉心研究。善画花卉鸟蝶，以工带写，水墨与重彩、白描与点染互为渗用，风格秀丽清新，题材多从生活写生中来。著有《宋元明清书画家年表》《中国版画史略》《写意花鸟画创作十六讲》等。

以上是根据《中国美术辞典》所摘录简编的符合中国绘画精神"艺理相通"标准的画家简介，尽管对个别画家在美术史中的评价和定位难免有疏漏和不够全面之处，但总体评价和定位是公许的。另外，在中国的绘画史上没有留下美术史论方面的著述，但他们和上列画家一样经由艺理相通，达到古今相通、襟抱与绘事相通，甚或诗书画印相通的画家还有很多，如朱耷、金农、吴昌硕、齐白石，等等。他们共同承续了中国传统文化的"通人"传统。这是一条造就大师的成功之路，郭味蕖是这条造就大师之路上的后来者，也是为数不多的成功者之一。不难看出，二十世纪初至二十世纪中叶的中国画坛的许多大家们，仍然走的是中国传统文化的"通人"之学的道路。但，这一时期的"通人"之学，有其显著的时代特色。

首先，由于十八世纪初到二十世纪上半叶，考古学的兴盛，大量出土文物被发掘，如战国帛画、青铜器、陶瓷、甲骨文等的出土。中国文人画传统经历了金石学盛行，书学中兴，印学繁荣，由诗书画"三绝"发展到诗书画印"四全"的历史阶段。二十世纪的大家们都致力于诗书画印的齐攻并收，涌现出许多如吴昌硕、黄宾虹、齐白石、潘天寿等"三绝""四全"的大家。

其次，由于以孙中山为首的辛亥革命，推翻了两千多年的封建帝制，建立了国民政府，秘藏于宫廷，供帝王、将相等少数人享玩的历代书画等文物珍品得以见示于众，为中国美术史论的学习和研究，为中国画传统技法的学习和研究提供了实物性的资料。如1937年北京故宫博物院古物陈列所主办的国画研究班。黄宾虹、于非闇等为导师，郭味蕖、田世光、俞致贞等为研究员，师生们得以踏实地专心临古，学习传统。这是第一期，此后还办了七期，对中国画学的研究和传统技法的继承有着深远的影响。

再者，就是由于西学东渐的影响。在二十世纪二三十年代以公费或自费到日本和欧洲留学，学习西洋绘画成为当时的一个风尚。如陈衡恪、徐悲鸿、林风眠、陈之佛以及此后的傅抱石、吴作人等都是留学日本或欧洲，回国后又在全国各美术院校教授西洋绘画，影响了整个二十世纪，直至今天。而且，大部分的画家后来又都转向了中国画的创作。他们吸收西洋画的长处而另辟蹊径地进行中国画的创造。

由于以上三个方面的原因，使得二十世纪中国画的"通人"之学，呈现出它的丰富性和多样性。下面我们根据其内容的丰富性分析梳理出如下"通人"之学的不同形式：

第一种，他们接受过旧式教育，有很好的国学基础，既有独特的艺术创造，又有系统的理论研究，以及相应的著述，达到艺理相通。并经由艺理相通达到古今相通、诗书画印相通者。如黄宾虹、潘天寿等。

第二种，他们接受过旧式教育，有很好的国学基础，在艺术上有独特的创造，对艺术理论也有一定的研究，但，没有留下系统的理论著述，其艺术理论和艺术主张散见于诗文题跋之中。仍然是经由艺理相通，达到古今相通、诗书画印相通者。如吴昌硕、齐白石等。

第三种，他们有一定的国学基础，既有独特的艺术创造，又有系统的理论研究，以及相应的理论著述，达到艺理相通。并经由艺理相通达到古今相通、中西相通者，如傅抱石、郭味蕖等。

第四种，他们有一定的国学基础，在艺术上有独特的创造，对艺术理论也有一定的研究，但，没有留下系统的理论著述，其艺术理论和艺术主张散见于短文、讲话稿和讲义之中。仍然是经由艺理相通，达到古今相通、中西相通者，如徐悲鸿、林风眠等。

通过以上四种"通人"之学的理论分疏，我们清楚地知道，二十世纪"通人"之学的共同之处就是经由艺理相通达到古今相通。这是中国绘画"通人"之学的传统。而不同之处则在于第一种和第二种，由于接受过旧式教育，有很好的国学基础，立足于中国的传统，侧重于诗书画印的打通。第三种和第四种有一定的国学基础，又受五四新文化新思想的影响较大，所以侧重于中西绘画的打通。可见，诗书画印相通和中西相通是二十世纪"通人"之学的时代要求和时代特征。

据此，我们也知道郭味蕖的"通人"之学是全面展开的。虽然我们把他归到了第三种类型。而实际上，他除了艺理相通、古今相通、中西相通以外，还有诗书画印相通，甚或教学相通。当然，郭味蕖的诗书画印相通，与吴昌硕、黄宾虹、齐白石、潘天寿他们"三绝""四全"

的诗书画印相通是有区别的。他们追求诗书画印的全面发展，并要求达到任何一门都可以独立名世的水准。而郭味蕖的诗书画印打通则是为其花鸟画的推陈出新服务的，他的诗书印与郭味蕖新型花鸟画的创作甚谐，融为一体而又相得益彰。郭味蕖是难得的饱学之士，是"学者型画家"。其"通人"之学的全面展开，为其花鸟画的推陈出新开辟了广阔的道路，并使之在多个领域都取得辉煌的成就。

值得注意的是中国传统文化的"通人"之学，这条造就大师的成功之路，由于"文化大革命"的发生而戛然而止。二十世纪八十年代以来，虽然有人意识到"通人"之学的重要性，但是，沿着这条道路继续前行的人已为数不多。大都选择的是"专家"之学，可以以"专家"名世，却很难造就大家和大师。二十世纪中叶，美国发现过度的"专识"教育，忽视人文教育或"通识"教育造成了综合性人才的缺乏的后果。于是，哈佛委员会1945年发表了《哈佛通识教育红皮书》，成为美国高等教育史上的一部经典文献。"本书反对大学一味迎合社会暂时的或短期需要的过分功利化的教育价值观，主张大学的发展要遵循自身的逻辑，以追求真理为崇高理想。本书指出，现代大学教育不仅应当进行以培养科学知识、技能、能力为目的的专业教育，而且同时应当进行以提高人的基础综合素质为目的的通识教育，即现代高等教育要坚持通识与专识的有机结合统一。"①不难看出美国的"通识"教育，和我国传统文化"通人"之学十分相似。然而，在美国学者认识到"通识"教育的重要性的时候，中国却在几乎同一时期（二十世纪中叶）遗失了中国传统文化"通人"之学的传统。直到二十一世纪初，2004年许江在《怀文抱质——中国美术学院首届中国画博士生毕业文献集》的序言《通人的追

---

① 美国哈佛委员会著、李曼丽译《哈佛通识教育红皮书·译者序言》，北京大学出版社，2010年12月，第3页。

求》一文中，重提中国绘画的通人传统。2008年刘梦溪著《中国现代学术要略》一书第九章中讨论了传统学术的通人之学向现代学术转变为专家之学的得与失，认为"人文学科任何时候都需要通才通儒通学"。

　　半个世纪已经过去，当我们回过头来考察和审视二十世纪中国绘画史时，郭味蕖的"通人"之学，具有特别的代表意义。他在美术学多领域的"通人"之学与花鸟画专攻之学的紧密结合和高度统一是其取得划时代成就的关健所在。中国艺术和哲学都包含在文史之学的传统学问中。中国绘画是用学问滋养出来的艺术，有怎样的学问就能滋养怎样的艺术。但是，学问转化为艺术并不是直接的，而是间接的，主要是他的专离不开审美经验，离不开心手眼一致的功夫。这也是中国画学问与文史哲学问的不同之处，中国画学问是艺中之道，文史哲学问是学中之道，学中之道是从学到学，艺中之道是从技到学。两者的差别是"学"与"技"的差别，艺中之道也就是实践和理论的关系问题，所以，中国画"通人"传统中的艺理相通是中国画"通人"之学的关键所在，这也是郭味蕖"通人"之学的关键所在，他之所以能取得花鸟画创新的"成功之美"，与其通人慧悟的思想更新、理论创新、技法创新的"所致之由"是紧密结合和高度统一的。这就是讨论郭味蕖独特的成就与贡献，分析总结他获得成功的经验，用以指导我们的中国画创作，以及美术学院实践类硕士、博士在高端层次上重塑通人之境，才是郭味蕖"通人"之学的真正价值和当代意义之所在。

第二章 "通人"郭味蕖的成长环境与个人品格

孔子在《论语》中说："人能弘道，非道弘人。"①这里孔子强调了人的作用，人才能够把道发扬光大，而才能的获得要通过学习，学习是修练身心的过程，也是获取知识的主要途经。《中庸》说："修身，则道立。"②《大学》则说："欲修其身者，先正其心；欲正其心者，先诚其意；欲诚其意者，先致其知；致知在格物。"③而格物就是推究事物的原理，即是这一内向发展的高峰。"道"是终极目标，人只有修身才能立道、弘道，而修身必须"正心""诚意"，最后落实到"致知"，知之为知之，不知为不知，就是致知，致知就是学习研究，也就是做学问。做学问的目的是格物，格物以推究事物的原理，掌握事物发展的规律，也就是"道"。"道"标识着学问的方向。学各有别，学中之道是相通的。章学诚尝言："学者，学于道也。道混沌而难分，故须义理以析之；道恍惚而难凭，故须名数以质之；道隐晦而难宣，故须文辞以达之。"④他由此抽绎出治中国学问的三要素，即义理、考据、词章。郭味蕖是难得的饱学之士，他是深知此中"三昧"的。他走向治学问道旅途，不是一个偶然，而是一个必然。是与其时代际遇、文化背景、家庭出身和个人的天分才情是分不开的。

---

① 夏延章、唐满先、刘方元译注《四书今译》，江西人民出版社，1996年10月，第249页。
② 夏延章、唐满先、刘方元译注《四书今译》，江西人民出版社，1996年10月，第44页。
③ 夏延章、唐满先、刘方元译注《四书今译》，江西人民出版社，1996年10月，第2页。
④ 刘梦溪著《中国现代学术要略》，三联书店，2008年1月，第7页。

第一节　世家风范与家族寄望

公元1908年2月15日，光绪三十四年戊申，农历正月十四日申时，郭味蕖出生于潍县郭宅街。生而失怙，为遗腹子。有"雄戊申"文印章一枚传于世。一方印章本是一个平常之物，而其内容却引起了我的注意，"戊申"是1908年，是为了纪念郭味蕖的出生。

潍县郭氏，乃在潍五百年的世家望族。明成化九年，始祖郭礼从高唐徙潍。在潍郭氏尊郭礼为始祖，排第三世。第六世祖郭尚友，明万历二十九年进士，明崇祯年间任咨政大夫，太子少保，吏部尚书。明崇祯十一年，年七十归潍故里。曾率全家子孙协助县令周亮工守城。并购得旧时园林，建起亭阁轩台，淘灌池水游鱼，莳以红白荷花，拥绿风竹，通以曲桥回廊，而为其林泉优游、修心养性之所。更是喜得儿孙承欢膝下，兼乐友朋雅集，论诗文、比丹青、觞美酒、乐无极的绝妙之处。即

图2-1　幼年郭味蕖

世所有名的"郭家园"。大灾年，郭公散粟救荒，煮粥活人，又出巨资助县令邢公国玺"易土为石，修筑城垣"。郭公"事亲以孝，事君以忠，待人以恕，处事以公，轻财重义，乐善好施，大节懿行"。九世伯祖郭伟业、郭伟绩兄弟，郭尚友的曾孙事母至孝，两人谦恭礼敬，不愿分家，而是在一起生活达六十余年，此事被乡里传为佳话。他们的母亲刘氏是扬州附近人，与郑板桥有"大"同乡之谊，过从甚密。郑板桥任潍县县令时，郭家园也就成为板桥谈文游憩之所。板桥有诗云："我被微官困煞人，到君园馆长精神。请看一片萧萧竹，画里阶前总绝尘。"[①]又有"七载春风在潍县，爱看修竹郭家园。今日写来还赠郭，令人常忆旧华轩。"[②]郭伟业"赋性纯朴，为人正大无私"，素孚雅望，地方绅士兴办善事皆由伟业呈领。他积极支持县令郑板桥救灾赈灾、捐助办学、整修城墙、修建庙宇，甚得板桥器重。郭伟绩，字芸亭，则是风雅多才，长于诗文，精于篆刻，亦喜书画。为板桥推心置腹之文学至交。从事篆刻三十余年，收集古人和时贤印篆，集为《筠桐荫馆集印》，书名由郑板桥题署。郑板桥亦十分喜好郭伟绩为之所治印篆，其中"板桥居士"最为精妙，可与高凤翰为板桥所刻之"七品官耳""鹧鸪"相媲美。与此同时，郑板桥也为郭氏兄弟留下了不少的诗文和书画作品。郑板桥的艺术和爱民思想，对郭味蕖日后花鸟画的革新有着很大的影响。

第十三世祖郭梦龄，道光三年进士，官山西巡抚，能文擅武，尤喜诗文书画，入祀山西名宦祠。本生高祖郭襄之，官甘肃西宁府知府，文武兼备，善诗词，喜书画，以功受西宁兵备道。

曾祖父郭恩观，字藕汀，咸丰乙卯举人，同治甲子选授浙江杭州府临安县知县，丙寅调署嘉兴府平湖县知县，戊辰调补秀水县知县，四

---

① 郭怡孮编著《画家·学者郭味蕖纪年》，人民美术出版社，2008年3月，第9页。

② 刘曦林著《郭味蕖传》，山东美术出版社，1998年9月，第7页。

品衔加四级，诰授通奉大夫。藕汀一生喜书画碑帖，精鉴赏，好收藏，广交江南文士，与任阜长、任伯年、吴大澂、俞曲园、杨伯润等多有往来，广集历代名家及时人字画。因其任上为赵之谦家乡，与赵之谦交厚，多有书信往来，藏有多件赵之谦书画精品。特别是题有"藕汀公正治"上款的赵之谦花卉八条屏，一直传到郭味蕖手中。因长期置于马口铁筒中蜡封保管，故画面色泽秀润，完好如新，加上又是50年代新裱，里表三新。"文革"中被抄，鉴定书画的专家误以为是味蕖所造，被当作假画第一批退还。但实为郭家旧藏，之谦真迹。藕汀尤喜读书、藏书。因有五子，每购书必置五套，自打造书箱，登记书目，分五份存放，以备后代读用，取有五个堂号，郭味蕖祖父肇光公的堂号叫"佩华堂"。

潍县郭陈张丁四大望族，世代交往，过从密切。郭陈两家，同为官宦世家，好金石、书画，相互交好，数代互为师友，累世姻娅，实为世交。陈氏簠斋，长藕汀十几岁，二人交往甚密互有诗文唱和，有书法对联相赠。这些家族文化渊源对郭味蕖的影响很大，为其从事金石书画的研究打下了基础，特别是赵之谦、任阜长的花鸟画作品对郭味蕖有着直接的师范作用。

祖父郭肇光，字仰曾，乃为出继。肇光少年有才气。在为官的赴任路上，不慎辫子落入马车的车轮里，马儿受惊，因故身亡，时年27岁。

父郭乃珏，1886年光绪十二年丙戌生。聪颖勤学，未及弱冠，诗文即为同道称道。延师平度学者白澄泉夫子。拜师日呈以旧作，被誉为"清而隽，诗才之佳"。有诗集《垂髫吟》留世，是废科举后拟弃旧诗文而从事新学的少年总结之作。旋赴天津入南开学堂读书，翌年，又以第一名考取法政学堂，因赴京染时疫，正值风华正茂，未及入学而卒。是年1907年光绪三十三年农历七月二十一日，年二十一岁。这位能诗能文、学业优秀的乃珏公还没有来得及留下什么功名业绩，只留下18岁时所集的《垂髫吟》诗二十余首手稿给予他的遗腹独子。味蕖一直完好地保存着这部手稿，父亲的文才诗思恐是他所继承的最重要的精神遗产。《垂髫吟》序文这样写道：

"余自幼颇有诗癖，读书则以为苦，读诗则欣然乐。每读前人诗，以为此情此景苟非前人说过为我所必言。此虽童心痴骏，要亦有出于天性者存焉。……年稍长，习科举业，遂无暇专志于诗。……今又拟明年赴津门学堂肄业，将复从事于所谓新学者，则于诗道更远矣。偶检行李，于乱书中得诗草数纸，大抵皆十三四岁时所作。声调格律，全然不解，固不足谓之诗。然实皆当年忘餐废寝极力推敲而成者。重读一番，可笑亦复可叹。不忍弃置，因抄而存之，名为《垂髫吟》。……"①

这是味蕖父亲给自己撰写的诗集的序言的摘要，一个踌躇满志的青年独具诗才，如其业师平度白澄泉夫子所言："幼年如此，诚未可限量……" 下面选录几首《垂髫吟》诗集中的诗可见一斑：

古　　琴

我家一古琴，良材世寡偶。仿佛蛇蚹纹，金徽灿星斗。
曾和白雪歌，亦折阳关柳。黄钟久沉声，纷纷喧瓦缶。
不图山水音，更入伯牙手。知音既相遭，拂拭其尘垢。
拔弦甫一声，寰瀛复何有。余性本旷然，独爱峰阳友。
会当谱南熏。持献如云后。

故　　宅

故宅荒芜久，重来意黯然。壁残前度雨，屋漏半边天。
邻里无相识，松篁不计年。惟余梁燕在，未肯旧巢迁。

---

① 郭怡孮编著《画家·学者郭味蕖纪年》，人民美术出版社，2008年3月，第2—3页。

　　乙巳府试后吉珊李恩祥太守作《卖花吟》《鱼父词》二首，征
和于前列诸人，余亦率成四首，尚未及呈，适逢停科举之诏下，太
守相继去任，其事遂罢。余习科举业十余年，而受知师只吉珊太守
一人也。兹特录诗于后，聊以志感。

卖　花　吟

园林风雨夜来频，晓折花技色色新。

挑过珠帘人未起，一声声似惜残春。

送来寂寞一枝春，不向群芳斗笑颦。

他日艳开香满室，齐声追羡卖花人。

渔　父　词

橹声摇曳笛声残，篷背潇潇暮雨寒。

红树半江鲈正美，料应无负钓鱼竿。

游向烟波不计年，而今老态更狂颠。

一声高唱海天动，惊起鱼龙上钓船。[①]

　　母陈士柏，1883年光绪九年癸未十月初九日生，1956年丙申八月
十八日卒，年七十三岁，乃珏殁后五月，郭氏十八世嫡孙味蕖出生。因
佩华堂几十年缺男丁，今乃珏遗腹子生，为郭宅乃至满城之大喜事，遂
盛传味蕖"生而能言"。郭味蕖夫人陈君倚《孤儿》诗写道："幼小失
怙实可怜，幸有慈母掌家范。只因遗腹得不易，纷纷传说生能言。"[②]

　　如果说"雄戊申"是郭家对郭味蕖的诞生寄予厚望的话，那么"生
而能言"的传说则是潍城乡亲为郭味蕖的问世给予莫大的关心和寄望。
郭味蕖诞生后，曾祖母、祖母珍爱倍加，母亲悉心照料。雇于大娘为保

---

①　郭怡孮编著《画家·学者郭味蕖纪年》，人民美术出版社，2008年3月，第3页。

②　郭怡孮编著《画家·学者郭味蕖纪年》，人民美术出版社，2008年3月，第4页。

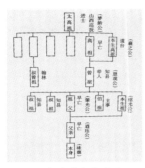

图2-2　郭味蕖家族谱系图、《郭氏族谱》三卷

姆，又雇有奶娘，味蕖长得健康结实。

　　由家谱中我们知道了这个官宦人家祖辈上的文脉和显著的世家传统。其特点有三：一、郭氏家族是中国典型的书香门弟，家族文化氛围浓郁，文人才子辈出，以文入仕者众，家族中考中进士的有郭尚友、郭梦龄、郭梦惠、郭熊飞、郭圩、郭璋、郭恩赓、郭育才8人；考中举人的有郭一琪等29人；秀才200多人。入仕为官者，在任"清廉正直"。二、家族的艺术氛围好，诗词、书画、篆刻人才辈出，世代皆喜鉴赏收藏，以文传家。三、"劝士勤学"，倡变文风，督建书院，发展教育。

　　我们也知道郭味蕖这一支脉，因祖父两代的早逝，已经日趋衰落了。虽然祖上留下了几百亩土地的田产仍在，因郭味蕖年幼，家业只好交由本生祖父绍光公代管，本生祖父过世后，由味蕖母亲主事。佩华堂一支人丁单薄，味蕖成了郭氏家族佩华堂一脉薪火相传，家道中兴的唯一希望，因而有了前面所说的"雄戊申"的寄望和"生而能言"的传说。说来也怪，郭味蕖似乎承传了家族所有的文化基因和世家的优良传统。在往后的几十年里他没有辜负家族的厚望，成了众望所归的人物。他生有六子，一女，可谓儿孙满堂；学术上涉猎广泛，著述丰赡；艺术上精研书画，锐意变革，成就显著；教学上为人师表，谆谆善诱，桃李满天下。郭氏家族在郭味蕖手上"中兴"了。

第二节　文化故里的环境熏陶

潍县（今为潍坊市），是一座历史悠久、交通方便、经济繁荣和文化发达的历史古城，是齐鲁古文化的发祥地之一。

潍县地处潍河，白浪河及虞河冲积平原，涵盖了现今潍城区、奎文区、坊子区、寒亭区的全部。负山面海、土地肥沃，有勤奋的子民，饶渔盐之厚利。早在5000多年以前，人类即于此繁衍生息，这一带是大汶口文化的流布地之一，此后，又是典型的龙山文化的所在地。不仅那些精美的红陶、黑陶流传至今，先民们灵巧的手和灵动的艺术思维也作为遗传基因传给了他们的子孙。这里有"冠带衣履天下"之说的齐国纺织业、章丘汉墓的画像石和雕柱、驼山的摩崖石窟造像、唐代弛名中原的仙纹绫、宋代艺惊朝廷的青州窟，以及世界闻名的潍坊风筝、杨家埠木版年画，都仿佛与新石器时代的原始文化有着割不断的历史渊源。郭味蕖生长在这片土地上，无论是郭味蕖从小把玩放飞的风筝，或是爱不释手的木版年画，还是他不曾接触或不曾认识到的其他古代艺术，都对他的艺术思维能力有着直接或间接的熏陶和影响。

在潍坊这片土地上，曾造就出齐国的晏婴，东汉的经学家郑玄，北魏的农学家贾思勰，北宋画家张择端，明代文学家冯惟敏、冯惟健、冯惟讷三兄弟，清代名医黄元御、刘奎，以及著名的收藏家、金石学家陈介祺……

宋代寇准、欧阳修、范仲淹、苏轼，清代郑板桥，都曾官居潍坊，在这里留下诗文。尤其是郑板桥，在潍县任知县七年之久，关心民间疾苦，深受当地人民爱戴。郑板桥留给潍县的绝不仅仅是一道城垣，一座文昌阁，一座城隍庙，一座魁星楼。他留下了丰富的文化遗产和影响着文人情操的精神。他在这里写下了"衙斋卧听萧萧竹，疑是民间疾苦声。些小吾曹州县吏，一枝一叶总关情"这著名的诗篇，他在这里为人类文化史留下了包括《潍县竹枝词》40首在内的一大批诗文书画。历史悠久，地位优越，物产丰饶，交通便捷，尊师重教，文风兴盛，人杰地灵，皆是构成潍县古文化传统的客观条件。所以，郑板桥在《潍县竹枝词》里写道：

> 三更灯火不曾收，玉脍金齑满市楼。云外青歌花外笛，潍州原是小苏州。①

潍县民众也深切地怀念这位体恤民情不惜丢官的人才，建"三贤祠"所纪念者，其中一贤便是郑板桥。特别是郭味蕖先生珍藏一幅郑板桥《三清图》，题有："兰梅竹菊四名家，但少春风第一花，寄与东君诸子弟，好将文事夺天葩。"②这是一幅鼓励郭家子弟读书上进的画，郭味蕖自幼刻苦勤奋，也是受到郑板桥的激励和人品画品的影响吧！

潍县虽说是一个小城，但无论在封建社会里，还是改革开放的今天都是一个文化层次很高的城市。明清以来，莱州府辖下的潍县，儒学大盛，私塾、县学、麓台、潍阳、恩乐等书院的兴办，推动了教育事业的发展。中国古代科举取仕，是读书人最大的出路，吸引众多学子发奋苦读，潍县科举业最盛期主要是在明清，两朝考取举人、进士者甚众，仅

---

① 郭怡孮编著《画家·学者郭味蕖纪年》，人民美术出版社，2008年3月，第6页。
② 郭怡孮编著《画家·学者郭味蕖纪年》，人民美术出版社，2008年3月，第8页。

图2-3 潍县古城区图

清一朝，即出了296名举人，81名进士，这就使后学者有楷模可尊，有规律可循，学子越多，学界越盛。长辈向少儿灌输的主要是"学而优则仕"的思想。

清光绪二年（1876），潍县有后生曹鸿勋者，打破一千二百多年的沉寂，一举夺魁成为有科举以来潍县第一位状元。后又有王寿彭中得状元，潍县城一条胡同竟出了两名状元，此事传至清廷，西太后派人暗访，回禀者说：潍县城中每晚点灯后，走在小巷之中，都能听到家家传出的读书声。可见潍城文风之盛。

当地文人中真正有学问并给郭味蕖深刻影响的是夫人陈君绮的高祖陈介祺。陈介祺（1813—1884），字酉生，寿卿，号伯潜，又号簠斋，清史部尚书陈官俊之子。道光二十五年举进士，授翰林院编修，还因"皇恩浩荡"，赏戴花翎，加侍讲学士衔，倍极显赫，人人敬仰。陈介祺后弃官归乡，专治金石文字，是清代晚期著名的金石文字学家、大收藏家。举国闻名的毛公鼎是现存铭文最长的周末时期的青铜器，曾为陈介祺的镇宅之宝。因藏有十钟，颜斋曰"十钟山房"。陈所藏古钵过万（一说七千余），又颜斋名"万印楼"，今楼尚存。其藏印曾集为《十钟山房印举》行世。陈介祺精于考证和鉴别，治学谨严。常与当时的收藏大家王懿荣、潘祖荫、吴大澂、吴云等共同考辨古物、研究文字。著述颇丰，刊行者仅有《簠斋金石文考释》《簠斋尺牍》《东武刘氏款识》《簠斋藏古目》《传古别录》等数种。他在京时，目睹朝廷丧权辱国，不满官场腐败黑暗，又无回天之力，1854年（咸丰四年）借母丧返归故里，从此不再复出为官。郭味蕖敬仰这位前辈，一直没有中断文物的收藏考证和研究，正是受到了这位先辈治学精神的熏陶和影响，至于在书画方面他对郭味蕖也有一定影响。郭味蕖在其《关于花鸟画的学习和创作》一文中说：

> ……我很小就喜欢画画，我家山东潍县，是很重视和提倡文化的，所以环境氛围很好，这种风气和影响，一直可以推溯郑板桥在潍县做县长的时候，他的书画很有名，当时人们竞相仿效，以后代代相传，风气日盛。地方上有位大收藏家陈簠斋，是毛公鼎的收藏者，家藏晋唐以来书画珍品，室号"晋唐书画室"，在当时不亚于故宫之陈列。①

郭味蕖七岁开蒙，入私塾学习传统文化。九岁入丁氏小学，跟美术教师丁启喆（即东斋先生）学画。丁先生是郭味蕖在中国画方面的启蒙老师。跟随先生学习了中国画的基本技法，逐渐入行，山水、花卉、人物都画。十六岁考入潍县中学，跟刘秩东学画，十七岁与著名金石学家、大收藏家陈簠斋的玄孙女陈绮（字君绮）联姻结婚。郭味蕖的亲事是陈家最后的一桩金石姻缘。君绮，长味蕖3岁，这位出自"相府陈氏"的名门闺秀，自幼与叔兄在私塾读书。除四书五经，慑于家规还要加读

---

① 郭怡孮、郭绵孮主编《郭味蕖艺术文集》，人民美术出版社，2008年3月，第902页。

《列女传》《教女遗规》等。她由旧学而成为一位有文化教养的女子。她把自己的一切才智和精力都献给了郭味蕖。一方面通过老师，另一方面由于亲见，使郭味蕖得到陈簠斋的滋惠甚多。

一个地区的文风之盛，不仅限于上层社会的文化人，同时也表现于普通民众。潍坊是一个"人杰地灵"的历史古城，"三百铜炉匠，九千绣花女"的说法足见当地民间工艺之胜，特别是手绘风筝和杨家埠木版年画使潍县成为我国民间艺术的宝地。早在明清时代，清明节由邑民自办的潍县沙滩风筝会，已是一年一度，热火朝天。这种风俗一直延续到今天。潍县是全世界闻名的风筝之乡，这里的民间艺人以风筝为业，把美妙的风筝行销四面八方。①

郭味蕖在后来所写的文章《山东的木版年画和风筝》一文中这样描述：

> 山东潍县的风筝，种类很多，无论扎工或画工，都很别致，地方色彩很浓厚，可以说仍具有明代的规模。当地每年放风筝的季节是清明节。每到清明，白浪河水解冻，在河旁两岸的沙滩上，到处是踏青和放风筝的人群。风筝有软翅和硬翅之分，又有板子风筝，还有文字风筝。有平面的，也有立体。为了大量制作，供应社会需要，来不及全用人工描画，也就采用刻版套印纹样的办法。

郑燮辞官归里10年后，在扬州写下了《怀潍县二首·送郭伦升归里》，赠予去扬州看望他的郭伦升。令其难以忘怀的也是白浪河上的风筝。

---

① 参阅刘曦林著《郭味蕖传》，山东美术出版社，1998年9月，第9—10页。

其一

相思不尽又相思，潍水春光处处迟。

隔岸桃花三十里，鸳鸯庙接柳郎词。

其二

纸花如雪满天飞，娇女秋千打四围。

五色罗裙风摆动，好将蝴蝶斗春归。①

据说郭味蕖家收藏的风筝在40年代尚有五间房子之多，由此可见一斑。潍县的画家们都会画风筝，风筝也造就了无数的艺术家，不少孩子通过画风筝培养了对艺术的兴趣，陶冶了审美的情操。郭味蕖在少年时代不知为小伙伴们画过多少风筝。小伙伴也回赠他风筝，因此用不着自己扎风筝，他终生乐此不疲，早年带着孩子们放风筝，50年代还在天安门放过风筝。

潍县民间的木版套印年画，是以杨家埠为代表的。杨家埠年画起源于明代，繁荣于清代。潍县的杨家埠和苏州的桃花坞、天津的杨柳青，被郭味蕖称为"鼎足而三"的木版年画产地。这里的画手和刻工用他们灵巧而智慧的劳动将老百姓喜闻乐见的艺术送往民间，给贫苦的农民送去了喜庆和希望，也为中国版画和年画的发展做出了贡献。郭味蕖在《杨家埠的木版年画》一文中介绍说："杨家埠的年画，从形式到内容，都是自成体系。无论出版的贡笺、三裁、小横披、挂屏、花瓶、灶马、天地神祇、大鹰、牛子都有它一定的用途和张贴地点。"②在《山东的木版年画和风筝》一文中说：

---

① 郭怡孮编著《画家·学者郭味蕖纪年》，人民美术出版社，2008年3月，第31页。

② 郭怡孮、郭绵孮主编《郭味蕖艺术文集》，人民美术出版社，2008年3月，第374页。

图2-4　杨家埠年画

　　山东潍县的木版年画，由于它面对广大农村，因而具有不同于杨柳青和桃花坞的自己的面貌。较之其他两地，它的线条更加简净健壮，色彩更加单纯火热。它过去刊印的门神，构图完整雄健。囿于刻版和刷印的局限性，重用赤、黄、青等原色，图像均匀布列，显示了强烈的装饰效果。这样形式淳朴、内容感情真挚的年画创作，是我国珍贵的民间艺术遗产。①

　　郭味蕖在其16岁那年，痴迷于在郭家大院各屋中翻检家中旧藏。在橱中翻检出几卷精美的木版年画，有江苏桃花坞的、天津杨柳青的年画，最多的是潍县本地印制的年画。有风格不同的"门神""老鼠嫁女""老鼠娶亲""男十忙""女十忙"等内容的年画。郭味蕖觉得内容有趣、印制精美，尤其喜欢各戏曲内容的年画。从此，收集年画成为他的一项工作。为后来从事版画史、年画史的研究提供了很好的基础。同时，为他日后花鸟画创作的审美取向乃至线条和色彩的处理起到了潜移默化的影响作用。他亲自收藏的木版画有两大箱，数以千计，有的是

①　郭怡孮、郭绵孮主编《郭味蕖艺术文集》，人民美术出版社，2008年3月，第377—378页。

旧藏，有的是1949年以后新收的。他原本准备编为专集出版，可惜"文革"中散失，至今下落不明。

郭味蕖出生在文化传统既悠久又丰富的潍坊土地上，文人和民间的双重文化传统和生活环境直接、间接地陶冶了他，充实了他，培育了他。

第三节　文人的品格和责任

《大学》中提出的"格物、致知、诚意、正心、修身、齐家、治国、平天下"[①]的修身入世思想，无论是对古代文人士大夫，还是今天的知识分子的影响都是根深蒂固的，这简单而概括的入世法则环环相扣，缺一不可，像一座基础坚实的宏伟建筑。这种修身入世的思想在中国思想史中很难找到一个可以超越它的入世法则。这条法则的核心就是"修身"。而修身的主要途经就是"志学"与"进德"。志学就是格物、致知，进德就是诚意、正心。正因为如此，世界四大文明古国，唯独中华文明没有消亡，延绵几千年长盛不衰，即使是十九世纪中叶至二十世纪中叶，长达一个多世纪的内忧外患，中国大地上千疮百孔，伤痕累累，积贫积弱的中国，在文化艺术上却大放异彩，人才辈出，文化艺术的发展，不能与国家的实力和物质发展等量齐观，呈现出一种不平衡发展的状态。格物、致知、诚意、正心都是为了修身，而修身的目的就是两

---

① 夏延章、唐满先、刘方元译注《四书今译》，江西人民出版社，1996年10月，第2页。全文是"古之欲明明德于天下者，先治其国，欲治其国者，先齐其家；欲齐其家者，先修其身；欲修其身者，先正其心；欲正其心者，先诚其意；欲诚其意者，先致其知；致知在格物。物格而后知至，知至而后意诚，意诚而后心正，心正而后修身，身修而后家齐，家齐而后国治，国治而后天下平。"

条。一是"齐家"，一是"治国、平天下"。文人士大夫可以此修身，入仕途成就治国平天下之志，也可安居本位，合家幸福。所以，《孟子·尽心》说：

> 故士穷不失义，达不离道。穷不失义，故士得己焉；达不离道，故民不失望焉。古之人，得志，泽加于民；不得志，修身见于世。穷则独善其身，达则兼善天下。①

郭味蕖出生于一个世代读书入仕的官宦世家，受家庭教育，自幼就有"齐家、治国、平天下"的远大抱负，所以，郭味蕖一生都在"志学""修身"。1929年至1931年在上海求学期间，大量阅读进步书刊，积极参加学生爱国运动。1937年2月考取北京古物陈列所国画研究室学习传统国画。七七事变爆发。八月返回故乡。家乡沦陷前，从事抗日宣传活动，演出抗敌戏剧，创作活报剧《血吼》（又名《狮吼》）、《饥饿线上》（又名《面包线上》）。与陈继尊、于希宁一起组织抗日剧团，担任导演和舞台监督，在街头、集市、乡镇巡回演出，在剧院义演，群众群情激奋，同仇敌忾，纷纷捐款支持抗战，收入上交抗敌委员会，演出轰动全城。于希宁回忆说：

> 在日本帝国主义侵略我国时，我们曾一起组织抗日剧团，味蕖担任导演和舞台监督。他与团员们朝夕忙碌，积极排演剧目，公演时曾轰动全城。②

---

① 杨伯峻译注《孟子译注》，中华书局，2008年12月，第236页。
② 郭怡孮编著《画家·学者郭味蕖纪年》，人民美术出版社，2008年3月，第64页。

1938年初，日军侵占潍城，学画的启蒙老师丁启喆忧愤而逝，郭味蕖蓄长髯以明志，不为日本人工作，深居简出，一心问学。又千方百计地与日本人周旋，保护家藏文物。郭味蕖子女回忆说：

> 日本人来了，我父亲袍子里揣着两张石涛的画（他的堂号又叫"二湘堂"）去逃难，家里所有的细软都不顾了。这些画却像他的生命一样。家藏有八张赵之谦花鸟画条屏，当时日本人得知这八张"赵之谦"在我父亲手里，得知潍县城里还流散着许多陈介祺的收藏，有日本文化浪人在潍县城四处打探，我父亲在斗智斗勇中保护下了这些艺术精品。①

1945年8月15日抗战胜利时，在广播中听到重庆电台播出日寇投降的消息，无限欢欣。遂剃须恢复壮年本色。据其潍城（今为潍坊市）的学生张绍良教授回忆说：

> 在日本侵占潍县的七年时间里，潍县来了一个日本文化界的官员，在日军里作教官，到处搜寻中国的文物和字画，经常纠缠郭味蕖，有一次这个日本教官摸了他的胡子，他就把它给刮了，他留胡子和刮胡子都是为了抵抗日本人的侵略，这就是他的人格和志向。②

俗话说："国家兴亡，匹夫有责"，在潍县沦陷其间，看到日本人横行霸道，为所欲为，郭味蕖非常气愤，曾想参加抗战部队，可是，由于自己只是一介书生，且家中除了年老的母亲，妻子，还有就是年幼的

---

① 郭怡孮编著《画家·学者郭味蕖纪年》，人民美术出版社，2008年3月，第70页。
② 林维采访潍坊艺术学院教授张绍良先生录音纪要（未发表）。

图2-5 郭味蕖留须像

孩子，一大家的老幼都需要他的赡养和呵护，他实在不忍离开他们。此时，"家"和"国"的责任都异常的重大，他爱国家，也爱家人。家是小爱，国是大爱。可是，舍小爱又何言大爱呢？他的内心常常很矛盾。后来，他终于找到了平衡"家国"的两个途经。一是除了在潍县县立中学任教员（1942年起任山东省潍县师范教师）外，隐迹书画，将精力完全投入到中国传统绘画的研究上。读书、习字、作画、刻印、鉴赏古书画、研究金石。二是由于战乱，潍县是历史悠久，文化积淀深厚的历史古城，有大量的古代书画文物散失在民间，郭味蕖鉴赏古书画，懂收藏，倾其所有，大量收藏散失的古书画、文物，避免了许多珍贵书画文物流失海外，特别是日占区，日军有专门的文化官员，到处搜寻掠夺中国的书画文物。此际，郭味蕖大量收藏字画文物，自然也是抗日保国的一种方式，郭味蕖自然也是爱国的一个功臣，只是不同的人其保家卫国的方式不同而已。从《画家·学者郭味蕖纪年》随年注录的收藏帐单知道，从1939年至1945年抗战胜利郭味蕖收藏古字画等文物共计426件之多，是郭味蕖收藏字画文物最多的时期。尔后，郭味蕖从1946年至1951

年又继续收藏了302件书画文物，共计728件。这些字画文物为郭味蕖美术史论的研究和书画艺术的学习和创作提供了宝贵的实物性资料，无疑为郭味蕖走向"通人"的成长道路打下了坚实的物质基础。

1945年抗战胜利后，百废待兴，郭味蕖除了任省立潍县中学教员的同时，兼任励新小学（后改为潍坊市第一小学）校长，潍县郭族世代有办学发展教育的传统，郭味蕖接任励新小学校长后，延纳人才，筹措资金，改革教学，发展教育。发动学校董事会建立"校田"，他动员说服母亲，带头将家里的一百八十亩土地，捐给学校，为办学提供资金。

1946年，国共两军内战爆发。"因国民党县政府索租，被皮带抽打，至遍体鳞伤。根据郭味蕖在"文化大革命"中的"罪行交代"说：

> 那时要向国民党反动政府纳很重的赋税，我从广大贫苦的佃农身上榨来的粮食，通过我再缴给国民党政府，去养活一大群反动官吏和镇压人民的国民党军队。①

被打事件发生后，郭味蕖一家对国民党的反动本质有了更深的认识了。同年，长子郭基琮由辅仁大学秘密到解放区参加革命，进晋察热辽鲁迅艺术学院分别在文学系、戏剧系、美术系学习，因成绩优异，留美术系任干事。后任第四野战军南下文工团（空政文工团前身）指导员。1947年初，潍县地下工作人员转来家中一张纸条上写"陈至在鲁艺"。知道了长子已投奔解放区，改名陈至，安全到达张家口。

1948年4月，潍县解放前夕，与亲友相约，决定不出走，留潍迎接解放。解放军攻入潍县后，继续攻打东关，国民党飞机轰炸，郭味蕖主动把自己的楼院让给解放军。当时，解放军的通信指挥部就设在郭家的

---

① 郭怡孮编著《画家·学者郭味蕖纪年》，人民美术出版社，2008年3月，第98页。

地下室。郭味蕖迁出时，只抱着家藏的数件书画。陈君绮诗《婚后·其二》记述了此事："潍邑解放庆功成，甘让地室供防空。全家走出广厦日，双手唯携画几帧。"①

然而，国民党飞机轰炸时，其妻子陈君绮在空袭中受伤，两腿大筋全断了，血肉模糊，又染破伤风菌，昏迷不醒。后因内兄陈君藻懂医，千方百计搞到破伤风血清半支，方挽回性命。妻子从此伤残。

郭味蕖无怨无悔，仍然以极积的态度，热情支持解放军进城，当时解放军部队缺乏办公用品，郭味蕖将自己小卖部的墨水、钢笔、铅笔、纸本等文具赠送给解放军指战员，大受欢迎，解放军指战员表示特别感谢。

潍县解放，潍县改名潍坊市，郭味蕖满怀热情地投入了新生活。任潍坊市新青中学教员，任潍坊市美术研究会主任。于1949年元旦发起组织潍坊市新年美展。郭味蕖展出的作品是连环画《前进中的潍坊市》四十余幅，用钢笔水墨画法表现了解放后潍坊市的新面貌。绘工人举铁锤巨幅宣传画，下书"劳动创造世界"宋体大字，立于市中心的白浪河东风桥头，十分醒目，效果强烈，这为刚刚回到人民手中的潍坊市增添了革命气氛，鼓励了人民建设家园的劳动热情。郭味蕖是十分开明的绅士，一个拥护共产党，热爱新生活的艺术家。

---

① 郭怡孮编著《画家·学者郭味蕖纪年》，人民美术出版社，2008年3月，第103页。

第三章 "通人"郭味蕖的追求

《扬子法言·学行》曰："学者，所以求为君子也。求而不得者有矣，夫未有不求而得之者也。"①意思是学习的目的，是为了能成为君子，追求成为君子而没能实现的人有，不追求成为君子反而成了君子的，古今却无。所以《吕氏春秋·孟夏记·劝学》说："圣人生于疾学。"②道德高尚学识渊博的人是从努力学习中产生出来的。郭味蕖也不例外。"语带烟霞从古少，学如耕稼到秋成。"郭味蕖这一楹联的内涵写出了一种人生的事业观，既表现己身，也示于人。人各有志，有志者只有在毕生辛勤的躬身耕耘中去觅取秋成。只有情操高尚，虚怀若谷又孜孜不倦上下求索的人，才能取得和尝到秋成的真谛和甘苦。

正如其好友于希宁在《怀念味蕖砚长》一文中所说：

> 味蕖的"天赋"很高，在青年时代就名满故里。他在社会生活中养成一种静观、养心、不事交际、外静内秀的品格。三十年代初他在上海学习西画，从山东来讲，是最早接受和传播西画知识的人。我们曾一起组织抗日剧团，味蕖担任着导演和舞台监督，公演时轰动全城。潍城沦于日寇铁蹄之下，他愤然留起了长须闭门不出，以示反抗，并致力于山水，继而花鸟，直至诗、书、画、印齐

---

① 欧阳若修主编《诸子百家名言大观》，广西人民出版社，1992年11月，第537页。
② 欧阳若修主编《诸子百家名言大观》，广西人民出版社，1992年11月，第536页。

攻并收……①

郭味蕖的一生是志学躬耕的一生，他既有从事美术史研究又有艺术创作的志趣和才能，中西绘画齐修，理论和实践并进，诗、书、画、印皆能，是"学者型画家"，是难得的饱学之士，他承续了古今一批大艺术家"通人"之学的传统。经由艺理相通，达到古今相通，中西相通，诗、书、画、印相通，教学相通。

第一节　古今相通

一、"开学养正、昭明有融"

"开学养正，昭明有融"②是指中国古代的经典著作能够启发学习，培养正道，使道理更加显著鲜明。故古人"志学"都从经典入手。所以孔子说："我非生而知之者，好古，敏以求之者也。"③孔子认为自己不是一生下来就有知识的人，而是爱好古代文化，敏捷勤奋地去求得知识的人。郭味蕖七岁开蒙，仍以旧式私塾的形式开学。但由于辛亥革命之后，潍县的大户纷纷将私塾改办新学，以适应新的形势要求，郭味蕖幼年正赶上了这个新旧交替的时代，一个私塾授徒的旧学和封建科举制度

---

① 于希宁著《怀念味蕖砚长》载《中国近代名家书画全集·29郭味蕖/花鸟》，名家翰墨出版有限公司，1998年11月，第95页。

② 刘勰著《文心雕龙·宗经》说："义既极乎性情，辞亦匠于文理；故能开学养正，昭明有融。"意思是：它们（指《三坟》《五典》《八索》《九邱》《十翼》等历代经典著作）在义理上深入到改变人的性情，在文辞上也能做到安排文理；因此能够启发学习，培养正道，使这些道理更加显著鲜明。见刘勰《文心雕龙·宗经》，华文出版社，2007年12月，第14页。

③ 夏延章、唐满光、刘方元译注《四书今译》，江西人民出版社，1996年10月，第140页。

永远终结了的时代。他从自家私塾走向了新式学堂，他也不能再像他的祖辈们那样，走一路读书、入仕、为官的既定的道路。由于自身的天赋才情，也由于郭、陈两大家族在金石书画方面得天独厚的条件，还有潍县古城艺术氛围浓郁，名家辈出的特有条件。致使郭味蕖投身新式学堂学习的同时，走上了金石书画的学习和研究的修业之路。

（一）画学启蒙

尚书府郭姓老宅院，为郭姓世居之府邸，家家书香，辈辈传承。郭宅街的这一片"汾阳世第"，经过几百年来的不断营建，已经形成极具规模的明清官宦世家住宅建筑群落。味蕖玩乐游戏于这座迷宫似的深宅之中。总爱拿着粉笔，边玩耍边随处在墙上作画，画花鸟、人物，画的最多的是"数字人"，即用阿拉伯数字组画成的小人。到了七岁那年，民国三年（1914）郭味蕖开始上私塾，用的是老式课本，全是文字，十分枯燥，常坐不住，念不多时便动，开门就走，后来选用新式绘图课本，图文并茂，味蕖倍感兴趣，常常是一大早就进书房，静坐看书，学得十分专注，再也不曾跑开。说明郭味蕖一开始对图画十分感兴趣，更希望去上新式学堂。民国五年（1916）郭味蕖九岁入潍县丁氏小学。清光绪年间，兴新学之风，潍县"四大家族"也纷纷兴办新学。郭氏办了励新小学，是男女合校，陈氏办的是女校，还有丁氏小学，张氏小学都是男校。郭味蕖选择了丁氏小学，而不是郭氏学堂。原因有三：一是，丁氏学堂校长丁锡田，字叔言，地理学家兼教育家，著名学者，在潍城有盛名，在学堂里亲自授课，为人忠厚、正直。他喜欢藏书，并勤于著述。这是郭味蕖小时候遇到的第一位最有学问的人。解放后，潍坊市博物馆专设其陈列室，展览其藏书与著述。对郭味蕖的影响不小。第二个原因就是在郭氏这一大支子中，郭味蕖是长房的大曾孙，辈分最小，而上郭氏学堂的郭姓孩子，无论是高年级的，还是低年级的，算起来都是郭味蕖的爷爷辈、叔叔辈。于是，味蕖就选择了丁氏学堂。第三个原因就是丁氏学堂有一个美术老师丁启喆，字东斋。郭味蕖自幼酷爱图画，入丁氏小学后，能跟美术教师丁启喆学画，丁东斋是郭味蕖在中国画方面的启蒙老师。而丁东斋又与陈介祺"晋唐书画馆"所藏书画有渊源，郭味蕖在其关于《花鸟画的学习和创作》一文回忆说："地方上著名书画家刘嘉颖（石芙），曾把大收藏家陈簠斋所藏金石书画都摹过，深得其培养。而刘氏又有很多学生，我在小学时代的丁东斋先生、中学时代的刘秩东先生，都是他的学生。"①

据此，我们知道郭味蕖青少年期在美术方面起步很早，起点很高，其画学源头就是陈簠斋"晋唐书画馆"的晋唐书画珍品。

丁启喆（1873—1938），近代画家（图3-1），幼时家贫，在丁家当铺当学徒。东家是当地画家丁叔言的祖父，见启喆喜绘事，颇有天分，遂为延师读书习画，观览丁家收藏。终使之成为当地知名画家。擅长古代人物、走兽、山水。他的作品有的和祖国的前途命运密切联系，如辛亥革命时，他的《醒狮图》象征着祖国的觉醒。五四运动时，他的《卧薪尝胆》《张良别秦》《屈原行吟》等图，表达了爱国救亡思想。1938年初，日军侵占潍城后，他忧愤而死。东斋的爱国思想，耿直性格，以及用笔墨抒写时代的呼声，对郭味蕖等后辈影响很大。著有《自笑轩诗集》《北海人苑》《老莲汇稿》等。丁启喆也是一位热心培养后学的画家，郭味蕖在学校里受到了他的格外关心和爱护。他是潍县历史上第一个大规模画社"潍县同志画社"的创办人。

民国十年（1921），郭味蕖十四岁，东斋弟子郭三藉、赫保真、傅柳坪三人组织了"益社"共同研究中国画。后"益社"在丁东斋的大力倡导下，在原有基础上扩大、吸收更多的国画爱好者参加进来，成了

---

① 郭味蕖著《郭味蕖艺术文集》，人民美术出版社，2008年3月，第902页。

图3—1　丁启喆 扇面　　　　　图3—2　刘秩东 扇面

"潍县同志画社"，丁叔言为社长，刘炯为副社长。丁叔言、刘炯两人为主要教师，社员有郭兰村、赫保真、傅柳坪、丁献之、陈锡庆、郭宗彝、孙德廷、葛绍文、陈笃斋、丁士固、陈春圃、陈寿荣、张青、郭景仁、郭味蕖、于希宁等。成立初期，规定社员每星期日下午到丁、刘两教师家学艺，自带作品，以便互相观摩和品评，在一起交流画艺，研究学问。并选佳品，准备以后展览。此举对潍县国画的发展起到了很大的推动作用。

民国十二年（1923），郭味蕖十六岁，于山东潍县丁氏私立第一高等小学毕业。当年考入潍县县中学学习。刘炯（字秩东，逝于1939年，图3—2）是学校的美术老师，又是"潍县同志画社"的副社长，郭味蕖就继续跟刘炯学画。他也是刘嘉颖（石芙）的学生，是一位章法严谨、构思新颖的工笔花鸟画家，这是郭味蕖丹青之路上的第二位老师。上述两位老师给予的是中国画传统的影响。少年郭味蕖不仅喜欢中国画，而且还多才多艺，爱好广泛，还喜欢音乐，喜欢吹笛，家中备有全套鼓乐，热爱民间艺术，从童年起就显示出从事文艺的兴趣和气质。十六岁的郭味蕖"痴迷于在大院各屋中翻检家中旧藏"，除了前面提到的几卷精美的木版年画外，还有大量祖上留下的古籍字画，他如获至宝，如吴仲圭、倪云林、沈石田、唐伯虎、文衡山、仇实父、董其昌、蓝瑛、郑板桥、高南阜、赵之谦、张菊如、张子祥、石涛、八大、华嵒等名家作品。

明唐志契在《绘事微言·传授》一文中说："凡画入门，必须名家指点，令理路大通。然后乃不妨各成一家。甚而青出于蓝。未可知者。若非名家指点。须不惜价资，大积古今名画，朝夕探求。下笔乃能精妙过人。"①

可见，郭味蕖自幼习画的条件就很好，一是名家指点，二是家藏古今名画甚富。对其日后的画学研究和中国画创作都打下了一定的基础。但郭味蕖对古文字、绘画、金石、文物、考古等的学习和研究的全面展开，却是在其婚后才开始的。

（二）贤妻的内助

民国十三年（1924），郭味蕖十七岁时与陈绮结婚。陈绮，字君绮，1905年光绪三十一年乙巳农历九月二十三日生，为我国著名金石学家、大收藏家陈簠斋的玄孙女。生而聪颖温婉，知书强记，善诗文，能字画。陈家自陈介祺以来，非金石鉴赏之家难与陈家联姻，郭味蕖13岁那一年，经媒妁之言，由母亲包办了终身大事。郭味蕖的亲事是陈家最后一桩金石书画姻缘。这也从另一个侧面反映了郭味蕖这位少年才俊在书画方面的突出表现。刘曦林在《郭味蕖传》的《金石姻缘》一文中说："……非金石鉴赏家难与陈家联姻。这一有趣的现象使我们看到，文化层次和专业嗜好也成了这位藏有毛公鼎的怪老头结亲的条件。他是那样自私，以他自己的嗜癖作为一切的轴心，他又是那样雄心勃勃，欲求通过婚姻渠道建立一个广泛的金石研究网络。"②

确实，这一有趣的现象在连帝王都可以世袭的封建社会里带有一定的普遍性，他是中国社会许多官宦世家、文化世家、收藏世家得以世代

① 明唐志契著《绘事微言》卷一传授，人民美术出版社，2004年1月，第2页。
② 刘曦林著《郭味蕖传》，山东美术出版社，1998年9月，第22页。

图3—3 青年时期的陈绮和郭味蕖

延续的保证。"门当户对""薪火相传""子承父业""家传"等许多
传统观念在中国人的传统思想中是深根蒂固的。郭味蕖没有能逃脱这些
封建观念的束缚，但是，却有幸成就了一位金石书画鉴藏家，并得到了
后来在事业上给他以巨大帮助的一位才女。

这一年郭味蕖十七岁，陈君绮二十岁，二人结为连理。八抬大轿，鼓
乐齐鸣，陈君绮凤冠霞帔入嫁郭宅。陈君绮长郭味蕖3岁，这是山东人的传
统，也是郭家的传统，郭味蕖的母亲陈士柏也比其父郭乃珏长3岁，郭味蕖
的三儿媳邵昌弟也比其三子郭怡孮长3岁，这是一个有趣的现象。俗语云：
"女大三，抱金砖"。婚后，陈君绮事婆母至孝，通情达理，婆媳关系融
洽；事夫尽心尽责，关怀爱护，她关心更多的是郭味蕖的学业，她深知与
郭味蕖的结合，便与郭味蕖共同承担起振兴郭氏家族的责任。刘曦林在
《郭味蕖传》的《金石姻缘》中有如下这样一段叙述：

有一次，她发现家中养有两只小鸟，唯恐丈夫玩物丧志，就

从旁询问鸟的来由，味蕖得知此事，对妻子的用意心领神会，遂将鸟送还了伯父。此时，郭味蕖中学刚毕业，对未来的前景还未及设计，妻子看他较闲，就从娘家拿来不少书籍、画册、碑帖拓片。味蕖对小说之类的书不感兴趣，但对碑帖拓片却爱不释手。秋高气爽时节，陈家晾画，他也搭便看了不少。由于岳父家提供的条件，他很快迷上了金石书画考据之学，仿佛对此独具慧眼。①

可见这份"金石姻缘"，在实际意义上整合了郭、陈二大家族的金石书画资源，为郭味蕖金石书画的学习和研究提供得天独厚的优越条件。郭味蕖晚年作《归帆》册页赠夫人，在《归帆图册跋》（即《卧游册》）中追述了伉俪深情，其中一节说：

> 君名绮，字君绮，小字嬿娘，吾乡陈簠斋太史之元孙女也。生而颖慧温婉，知书强记，年二十来归。予生而失怙，尽日荒嬉，君每于春晨秋夕督予学书学画，课读诗古文词，并导予研搜金石拓本及书画鉴考之学。每陪侍几右，辄亲服涤砚洗笔之劳，予从此对文艺始少感兴趣，并觉逐步有进意。尝并几作画，君曾濡毫写梅石水仙为予寿，落笔寂寥萧淡，能深寓静趣，予师之畏之。②

由于大量地接触了郭陈两家的家藏典籍与金石书画，特别是接触陈介祺传下来的大量古代文史典籍与金石书画真迹，对于郭味蕖以后从事绘画、金石、文物、考古的研究，产生了极大的帮助。陈君绮在其《婚后》一诗中曰：

---

① 刘曦林著《郭味蕖传》，山东美术出版社，1998年9月，第24页。
② 郭怡孮编著《画家·学者郭味蕖纪年》，人民美术出版社，2008年3月，第35页。

图3—4　陈介祺"万印楼遗址"与"毛公鼎"拓片

　　　　金石篆刻丹青册，今古文章与诗篇，唯望与君齐纳取，碧纱窗
前共钻研。[1]

即是对婚后夫妻共研金石书画诗文的美好回忆。据此，我们知道郭味蕖
得到了一位才女贤妻的内助，郭味蕖的志学是全面展开的，一开始走的
就是一条艺术的"通人"之路。

（三）艺理双修

　　民国二十六年，丁丑，三十岁，公元1937年。这年春天的2月是郭
味蕖人生的一个转折点。由于，青少年时期在金石书画方面打下的扎实基
础，顺利地考入故宫博物院古物陈列所研究班，在古物研究室任研究员，
得于非闇等先生指导，学习传统中国画。每日临习院中所藏传统中国画精
品，集中精力钻究中国画的技法，踏踏实实地专心临古，学习传统。同学
有陆鸿年、田世光、俞致贞等人。研究班设在当时西华门内武英殿宝蕴
楼，开设三间房，分为人物、山水、花鸟。初临花鸟，后又转为山水。也

[1]　刘曦林著《郭味蕖传》，山东美术出版社，1998年9月，第25页。

在此时开始师从黄宾虹先生学习美术史论、书画、金石、文字。

黄宾虹读的是旧学，应过科举，也曾办过新学。他于1909年和柳亚子、陈佩忍等组织过具有革命色彩的"南社"，编辑过同样性质的《国粹学报》《国学汇刊》《美术丛书》等，又与友人组织"国学保存会""贞社""寒之友画会""百川画会"等文艺组织。林木在《20世纪中国画研究（现代部分）》一文中说："这位一度热血沸腾的革命者，从此又带着如其《贞社启》所称之'歇光祖国，景仰前修'的宗教般热情投身于学术，潜心于画史画论之研究及金石书画，矻矻而终生。"①

黄宾虹是一位饱学之士，也是一位传统文化的捍卫者，黄宾虹专情于传统，却又并非盲目地崇拜传统。黄宾虹在答顾飞书中说："学古非云复古，取古人之长，皆为己有，而自存面貌之真，不与人同。"②1937年黄宾虹已经72岁高龄，人书俱老，知识渊博通达，走的也是一条"通人"的为学之路。

郭味蕖十分倾慕黄宾虹的学识和为人。这次在古物陈列所深造虽只有半年多时间，但在郭味蕖学术研究和丹青生涯之中十分重要，他自谓是"开始了踏实地专心地临古，学习传统的时期"。③学习有了很大的收获，对其日后的艺术发展起着至关重要的作用。其表现在三个方面：

一是明确了自己的艺术追求和努力的方向，"中国人更应该懂得中国画"。④

二是受黄宾虹的影响，选择了理论和实践皆修，学习与研究并重，既学习、研究古人，又学习、研究今人，学通"古今"的"通人"为学之路。

---

① 林木著《20世纪中国画研究》（现代部分），广西美术出版社，2000年1月，第215页。
② 林木著《20世纪中国画研究》（现代部分），广西美术出版社，2000年1月，第220页。
③ 郭怡孮编著《画家·学者郭味蕖纪年》，人民美术出版社，2008年3月，第63页。
④ 郭怡孮编著《画家·学者郭味蕖纪年》，人民美术出版社，2008年3月，第63页。

三是其兴趣点从上海转向传统文化的堡垒北京。此后，他几乎每年都要去北京。

自1937年至1950年起，郭味蕖从事绘画活动一直是和他研究画史画论、金石考据、书画收藏等的学术活动相伴随而进行，因此，继承宋元明清以来历代"大家"的笔墨传统，笔精墨妙，当成了自己的最高追求。黄宾虹对"大家画者"的要求是很高的，在其《画法要旨》一文中说：

> 至于道尚贯通，学贵根柢，用长舍短，集其大成，如大家画者，识见即高，品诣尤至，阐明笔墨之奥，创造章法之真，兼文人、名家之画而有之，故能参赞造化，推陈出新，力矫时流，救其偏毗，学古而不泥古，上下千年，纵横万里，一代之中，曾不数人。①

这是黄宾虹从画家三层次（既文人、名家、大家）的划分中给自己定下了一个通向"大家"的道路。也是郭味蕖这位后来者为自己所设计的通向大家的道路。郭味蕖在其1941年8月北平画展前言《有感于此次画展》中说：

> 吾乡陈文懿公箧斋尝云："论画以画法为主，论法以用笔为主，笔高则墨自高，而尤以品为主，品高则意有在笔墨之外者矣。"所谓盘礴睥睨，峥嵘奇崛，磊磊落落，乃是翰墨家平生所养之气，用笔淋漓高下各自性情，如屯甲联云，时隐时现，更须读万卷书，行万里路，融浑古人，自辟町畦，庶得冲和恬淡，以别于庸工俗子。予曾谓作画须从临摹古人入手，古人笔墨，规矩之方圆之

① 林木著《20世纪中国画研究》（现代部分），广西美术出版社，2000年1月，第221页。

至也！①

形神与笔墨，品格与意境是中国画学研究的四大课题。郭味蕖认为形神与笔墨"须从临摹古人入手，古人笔墨，规矩之方圆之至也"，而品格与意境则在"笔墨之外者矣，"需"读万卷书，行万里路"。又说："临仿古人笔墨，久之，古人之笔墨皆若出于吾之手；继以披玩既久，使古人之神妙皆若出于吾之心，日久神会，不知古人之似我，我之似古人也。"②

可见，郭味蕖临仿古人笔墨是很下功夫的，只有"日久神会"，才能达到"不知古人之似我"，还是"我之似古人也"的"入化"之境界。还说："所谓法古而不泥古，取长舍短，融合贯通，摈落筌蹄，方穷至理。"③

郭味蕖学画"法古而不泥古"意在"取长舍短，融合贯通"。郭味蕖法古是从张子祥入手的，继之是赵之谦。他在1962年11月所撰《花鸟画的学习和创作》一文中说："……张（熊·字子祥）是没骨法，钩线很少；赵之谦用色浓艳富丽。尔后是任阜长（任熏），他主要是钩线。再后便学习明代的东西，周之冕、陈白阳、沈石田、文徵明。我临古的学习，一直延续了五六年，多不用颜色，只用墨画各种花卉，并结合学习"扬州八家"，在内容上兰竹占了很大比重。"④

郭味蕖临摹都是面对原作进行的，对作品先做研究。"看他继承谁，又影响了谁，要从纵横联系，互相对比中去分析了解各自的特征。

---

① 郭怡孮、郭绵孮主编《郭味蕖艺术文集》，人民美术出版社，2008年3月，第865页。
② 郭怡孮、郭绵孮主编《郭味蕖艺术文集》，人民美术出版社，2008年3月，第865页。
③ 郭怡孮、郭绵孮主编《郭味蕖艺术文集》，人民美术出版社，2008年3月，第866页。
④ 郭怡孮、郭绵孮主编《郭味蕖艺术文集》之《花鸟画的学习和创作》，人民美术出版社，2008年3月，第903页。

能够识别真伪也是一种必要的常识，否则就很难鉴别好坏。总之，凡临摹，总要眼看、胸想、手临，全面运用。"①

他深知"只有在继承的基础上，才可能有发扬创造。这是规律，永远是这样的。将来也必然有人继承我们，又有创造。"②他非常自信，他把自己放在了美术史发展的长河之中，只有继承前人又有所创造，后人才能继承自己，再有所创造。这是中国画艺术发展的规律。同时，郭味蕖也认识到，中国画艺术虽是一门"小技"，但要画好中国画却不是一件易事，自幼志于绘事，经过长年的努力，也只是稍识门径，前面的道路还很遥远，仍需不断努力。他在1941年8月北平画展前言《有感于此次画展》中说：

> 每思历代大家，精心绝虑，志一于画。穷毕生之力，寝馈于此，惨淡经营、孜孜不倦，迨寿登耄耋，始臻炉火纯青之候，故画虽小技，其个中行程三昧，实不可以道里计也！蕖自髫龄入学，读书余暇，辄以笔墨自娱。及长，负笈申浦，专究绘事，经诸师长耳提面命，彼收切磋之益。以后乃广搜名迹，模山范水，走苏、杭、燕、晋，攀居庸、云冈，眼底精研物理，笔端搜求造化，二十年来始稍门径。③

这是郭味蕖自1937年考入北平故宫古物陈列所研究班以来，师法古人，临摹古画，研究古人的感受和体会。尔后一直到1951年秋调入中央

---

① 郭怡孮、郭绵孮主编《郭味蕖艺术文集》之《花鸟画的学习和创作》，人民美术出版社，2008年3月，第904页。
② 郭怡孮、郭绵孮主编《郭味蕖艺术文集》之《花鸟画的学习和创作》，人民美术出版社，2008年3月，第903页。
③ 郭怡孮、郭绵孮主编《郭味蕖艺术文集》，人民美术出版社，2008年3月，第867页。

美术学院，任美院研究部干事，这一段时期均为师古研古时期。也是收藏字画，遍访师友时期。其所创作均以水墨为主，题材主要是梅、兰、竹、菊、水仙、松柏、芭蕉等题材。如四十年代初的《蕉石图》（图3-5），跋曰："蕉石图橅青藤老人墨法，味蕖。"是张纯水墨的创作，虽说取法青藤，但可看出还有白阳、八大、石涛、李复堂等人的影响，作品笔酣墨畅，墨色鲜亮，用笔凝练而又毛松，层次分明，格调清雅。1940年创作《五清图》（图3-6），所画为梅、竹、松、石和水仙，也是纯以水墨为主，构图十分完整，笔笔见笔，画面如谦谦君子聚于一堂，礼让融合、和而不同。

图3-5　蕉石图　20世纪40年代初　132cm×64cm

图3-6　五清图　1949年　132cm×49cm

1939年暑假在青岛举办个人画展，展出国画、油画约八十件。《青岛新民报》报道展览盛况。报端有《写在味蕖画展后》专文评述："郭味蕖先生画展已经结束，吾人似无须多述，且郭君艺术，自有识者公论，亦无庸吾人代为吹嘘，然郭君画展吾人实抽暇往观一次，观其取材之巧，搜集之富，中西兼优，古今并蓄，极尽大观，不禁为之心折矣。"①

1941年暑假在北平中山公园举行个人画展，郭味蕖画展特刊——有名箫音者撰文曰："关于国画，我喜欢拙古的、灵性的，不大赞成漂亮鲜艳的。因为拙古性灵的作品会使你一次看不完而想再看第二次。每一次看了后，总觉还不曾完全领略，而且所给予人的印象是隽永的，默幽的，回味不尽的。有时一张画的好处不一定在章法，因为章法并不能令人久观不厌，而最能引人入胜的大部还在笔墨。郭君味蕖作品我觉得很够个"隽永"。他的笔墨颇古雅，用水恰到好处，一笔成烟，再笔成雨，而且不喜多用笔墨，在"意"上颇得八大山人的风格。他画花卉不浓不淡，笔不苟，古拙之极，朴雅之极。在石田白阳之间，超逸脱俗。虽然有时笔稍嫌浮弱，但在气韵上、在意境上有绝对优越的地方。"②

郭味蕖的画留给人的印象是"隽永的，默幽的，回味不尽的"，也是"古拙朴雅、超逸脱俗"的。这一年，郭味蕖才34岁，用笔上"稍嫌浮弱"也是正常的，大约十年后，从其所作《五清图》《朴友图》《三友图》等作品来看，用笔已臻于遒劲了。

这一时期，在研究美术史论方面，涉猎之广和探究之深，是一般人所不及的。其研古的兴趣，如前所叙。一方面源于潍坊传统文化和陈介祺的影响，另一方面则是直接受益于黄宾虹老师的影响。他在美术史论

---

① 郭怡孮编著《画家·学者郭味蕖纪年》，人民美术出版社，2008年3月，第74页。

② 郭怡孮编著《画家·学者郭味蕖纪年》，人民美术出版社，2008年3月，第81—82页。

方面的研究，大体有如下几个方面：

1．金石考古；

2．书画鉴藏；

3．中国古代画家研究；

4．中国现代画家研究；

5．中国版画、年画研究；

6．中国古代建筑与雕刻；

7．中国绘画史研究；

8．花鸟画创作与技巧理论研究。

薛永年先生在《学通承变·画寄真情——郭味蕖治学精神与绘画成就》一文中说："郭味蕖虽然在治学上博涉多方，但绝不浅尝辄止，而是以科学求实的态度进行严肃认真的研究。……是从推动中国画顺应时代的变革出发，根究民族美术的发展规律，既见其著又查其细地总结历史经验，善于把融会贯通的系统知识上升为指导创作的理论，与为学术而学术的书斋式研究拉开了距离，密切了和当前美术创作的关系。他关于画家和花鸟画的论文集中表明了这一点。"①

1937年—1951年间着手著录与成书的作品有：

1．四画人评传之一《郑燮》，1950年成书。

2．《宋元明清画家年表》（图3-7），1958年成书。

3．《知鱼堂书画录》（图3-8），50年代末成书。

4．《知鱼堂鉴古录》，1946年成书。

5．《殷周青铜器释名考略》，1947年成书。

6．《魏、齐、周、隋造像残石册》，1947年成书。

---

① 薛永年著《中国现代美术理论批评文丛·薛永年卷》，人民美术出版社，2010年1月，第160—162页。

图3-7　《宋元明清书画家年表》封面、封二

图3-8　《知鱼堂书画录》手稿

7．《镜之考释》，1948年成书。

8．《说镜》，1950年成书。

如《宋元明清书画家年表》是一部以编年体的方式著录历代书画家生平创作的大型工具书。这部著作自1937年8月结束了故宫古物陈列所书画研究班的学习后，返回故乡就着手著录，历时20年之久，于1958年成书。全书文约三十二万字，所收录书画家四千余人，这是一部完整的工具书，正文前有笔画检字表、姓名检目。正文后则附有一时未获得编年资料者的索引，晋隋唐五代重要书画家年表、古干支表、六十干支表，汉以后历代建元表。是一个宠大的基础性工程，博采史乘、碑传、

墓志、年谱、著录、诗文集、书画册，兼及不少亲见作品，是自古以来书画史撰述中少有的编年体著作。从而得到了美术界有识之士的大力支持，1950年徐悲鸿亲自为此书题写了书签。1944年黄宾虹先生为其撰序，《宋元明清书画家年表》是一部完整的工具书，适应了对民族传统文化进行整理、研究和推陈出新的社会需求。为书画家、书画鉴藏家、书画著述家、书画评论家以及广大书画爱好者提供了书画研究的便利。至今它已印三版，每版即出，便销售一空。

二、游学京城、广交师友

古人治学，"读万卷书，行万里路"[1]，其中"行万里路"除了游历名山大川，体悟自然之外，还有寻师访友，问道游学之意。郭味蕖自1937年入北平古物陈列所主办的国画研究室学习，自此，郭味蕖从中西兼修转入到以中国画和中国美术史论的研究上来。学习结束后，仍然经常往返于潍坊小城与文化中心北平之间，游学京城，广交师友。"他几乎每年都要去北京，除黄宾虹、于非闇外，又结交了齐白石、溥心畲、陈半丁、徐燕孙、秦仲文等一批北京名家。"[2]此后，又结识何香凝、胡佩衡、郭沫若、徐悲鸿、俞剑华、汪慎生、李苦禅、邓拓、马晋、吴镜汀、王雪涛、蒋兆和、叶浅予、李可染、李桦、王朝闻、启功、陈大羽、华君武，等等。另外，还结交了一批北平以外的师友、如潘天寿、钱瘦铁、傅抱石、关山月，等等，但对郭味蕖的命运和艺术影响最大的当属黄宾虹、齐白石、徐悲鸿、潘天寿和叶浅予。下面将再分而述之。

（一）黄宾虹

黄宾虹（1865—1955），现代画家、画学理论家、诗人。名质，

---

① 董其昌著、屠友祥校注《画禅宗随笔》，江苏教育出版社，2005年10月，第109页。

② 刘曦林著《郭味蕖传》，山东美术出版社，1998年9月，第39页。

字朴存，又字宾虹，以字行，号滨虹、予向等。原籍安徽歙县潭渡村，1865年生于浙江金华城南的铁岭头。1955年3月25日卒于杭州西湖，享年九十二岁。郭味蕖认识黄宾虹应当是1937年在古物陈列所研修时，黄宾虹也在同年应邀赴北平审定故宫南迁书画，并兼任国画研究室导师，这应当是他们初识的机会。黄宾虹所作山水浑厚华滋，有其鲜明的独创风格，在绘画理论的研究上，亦有重大贡献。郭味蕖最敬重黄宾虹的学问和为人，黄宾虹也十分喜欢这位默默无语专心治学的后生。郭味蕖在其50年代初写的自传材料中说："1937年参加北京古物陈列所主办的国画研究室，为研究员，并开始从黄宾虹先生学画山水，得遍观清宫古画，这时又跟随黄宾虹先生讲授国画理论和美术史。"[①]在黄宾虹的指导下，着手著述《宋元明清书画家年表》《知鱼堂书画录》。这是郭味蕖艺术人生的一大转折点，郭味蕖早年对金石书画的学习和研究，以及收藏和鉴赏，得到了黄宾虹的充分肯定和鼓励，这在"美术革命"风潮背景下的三四十年代，无疑是一颗"定心丸"，坚定了他学习传统、研究传统的信心。他在"文革"的"交待材料"中回忆了这段学习时说：

> 在这个时期，看了许多历代的名人真迹，一方面通过临摹研究，学会了一些古人的表现技法，懂得一点鉴赏，同时，也对于古代绘画有很深的喜爱和研究兴趣，我的崇古泥古的思想，从这时起，便逐渐发展起来，一直影响到我后来自己收购古人书画，钻研历代画家历史传记、生平、作品，最后对古人书画、时人书画的收藏，竟成了嗜好。[②]

---

① 刘曦林著《郭味蕖传》，山东美术出版社，1998年9月，第50页。
② 郭怡孮编著《画家·学者郭味蕖纪年》，人民美术出版社，2008年3月，第63页。

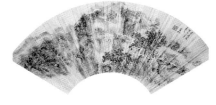

图3—9 黄宾虹赠与郭味蕖的字画（郭味蕖家属藏）

虽说这是一段"文革""交待材料"中的话，却映证了在古物研究所学习时受黄宾虹教益和学术思想影响之深。

1939年，郭味蕖在北平举办个人画展之后，并留京向黄宾虹先生继续学习画史画论，金石文字和书画鉴定。在编写《宋元明清书画家年表》《知鱼堂书画录》《古镜文考释》过程中，一直得到了黄宾虹老师的指导和帮助。"这也许是很少称人为师的郭味蕖却一直称黄宾虹为老师的缘由。所以，在他的档案中，由潍坊新青中学转中央美院，注明是'黄宾虹介绍（师生）'，在'主要社会关系'一栏有黄宾虹，并称之为国画老师。"①1944年，黄宾虹先生作了二副对联、一幅山水画屏赠送给郭味蕖，此后几乎每年都有一件书画作品赠送给郭味蕖。并为《宋元明清书画家年表》一书作序说：

① 刘曦林著《郭味蕖传》，山东美术出版社，1998年9月，第50页。

古人读书皆有记录，等身著作，无非日积月累而成。王伯厚《困学纪闻》、顾宁人《日知录》，莫不朝斯夕斯，丹黄涂乙，取精用宏，卓然成家。知人论世，尤为读书之要。味蕖学兄，博览群书，旁搜艺事，出其平生所辑宋元明清书画家年表见视，纲举目张，皆能有条不紊。足微㕙学嗜古，巨细不遗。荀卿有言："其为人也多暇，其出人也不远。"抗心贤哲，度越寻常，余于是编有厚望焉。甲申之夏·黄宾虹①

1953年2月，文化部批准中央美院筹建国画研究所，次年改为民族美术研究所，由已经返回杭州的黄宾虹任所长，王朝闻、王曼硕任副所长。郭味蕖所在研究部将与民族美术研究所合并。（即今中国艺术研究院美术研究所前身。）"一次黄宾虹先生进京到美院来，直接去看望他的忘年交郭味蕖。当校方发现黄宾虹来校，四处找时，才知道他和郭味蕖到外边吃小馆去了。"②此时，郭味蕖45周岁，黄宾虹已是虚岁九十的老翁。他们之所以能保持长久而深厚的师生情谊，主要建立在他们的共同追求——"通人"之学的基础上的，与广博的知识、丰富的学养和共同的学术议题，以及品性才情都是分不开的。

（二）齐白石

齐白石（1864—1957），现代画家、书法家、篆刻家。原名纯芝，字渭青，后改璜，字濒生，以号行，别号借山吟馆主者，寄萍老人，齐大，木居士，三百石印富翁等。湖南湘潭人。1921年五十七岁后定居北京。画谓"妙在似与不似之间，太似为媚俗，不似为欺世"。是诗、书、画、印"四绝"的画家。解放后，任中国美术家协会主席。1953年

① 郭怡孮编著《画家·学者郭味蕖纪年》，人民美术出版社，2008年3月，第94页。
② 郭怡孮编著《画家·学者郭味蕖纪年》，人民美术出版社，2008年3月，第118页。

中央文化部授于"人民艺术家"称号，获得世界和平理事会1955年度国际和平奖金。[①]

1939年，郭味蕖在北平举办个人画展，初识齐白石。1940年齐白石为郭味蕖书写了"开图草里惊蛇乱，下笔阶前扫叶忙"的篆书对联。1941年8月，郭味蕖在北平中山公园举行个人画展，其间郭味蕖再次拜访了齐白石先生，先生为郭味蕖题写了"知鱼堂"匾额。1957年，齐白石辞世，郭味蕖又痛失了一位亦师亦友的忘年交老师。他先后撰写了《向杰出的人民艺术家白石老人学习》《中国人民艺术家齐白石》《谈齐白石先生和黄宾虹先生的画》三篇论文，对齐白石先生的身世生平，求学历程，治学精神，艺术特点，绘画风格，创新思想，人格操守和艺术成就作了全面的介绍。他在1958年撰写的《向杰出的人民艺术家白石老人学习》一文中，还详细记述了他和齐白石的关系：

　　白石老人又是一位素敦友谊，大力提携后进的长者。我和白石老人相识已经20年，在十几年前，他用篆字给我写了"知鱼堂"匾额（图3-10）。解放之初，我曾带着儿子莫琮，拿着我近期所作的画幅去向白石老人请教。他细心地逐幅看下去，反复地看了三遍，他说："你画得好。""你这是明人的笔墨，现在没有人能画了。"

　　随后他便叫我在墙上钉起几张来，他又说："画了再画。""笔要有力，墨要有用。""赭石好用，朱磦我用得不好，要亮、要厚。"他最后说："画画不要叫人家说好，自己要有自己的面貌，画好自己留起来。"

　　这一天白石老人精神很振奋，看完画后，当场便给我画了一幅三个虾三个蟹的墨画示范。很快便画好了，便把它挂在墙上，

① 参阅沈柔坚主编《中国美术辞典》，上海辞书出版社，1987年12月，第118页。

这时他忽然从椅子上立起来，从衣袋里掏出一包钥匙，去打开北墙下面的柜橱，拿出一盒绿豆糕来，送到我的儿子莫琮手里说："你吃。"然后他从墙上取下画来题上字，又一次取出钥匙把橱柜打开，这次取出来的是一盒图章。他把图章放在画案上说："你会用，自己捡吧。"我便拾出了"借山翁"一印捺在画上。随后白石老人又高兴地给我题了两幅画（图3—11），并且写上去的是一些鼓励后进的辞句，使我感到无限惭惶。是的，白石老人就是这样地提携后一代人，无保留地教给他们以技法，给予启示和鼓舞，引导他

图3—10　齐白石为郭味蕖题写的"知鱼堂"匾额

们前进和努力创作。

　　1956年初秋，我在画家徐悲鸿纪念馆又一次见了白石老人。那时他刚刚知道了徐悲鸿先生辞世的噩耗，立即赶来。他在徐悲鸿先生故居会客厅的沙发上默默地坐了很长时间，眼睛凝神不动，心里在寻思着什么。后来他的口角动了一下，说出了"影像"两个字，我们才知道白石老人是要看看悲鸿先生的相片。他站在悲鸿先生的影像前，眼里含满了泪水，一定要跪拜，大家怕老人过于激动，在劝说下，才深深地鞠躬，然后被搀坐椅子上。悲鸿先生是白石老人

的知友，是"最怜一口反万众，使我衰颜满汗淋"的倾胆知交，悲鸿先生的逝世，是民族艺术的重大损失，怎能不使白石老人伤感呢？这一次就是我最后和白石老人的会见。[①]

郭味蕖与齐白石认识了近二十年，他们有过许多的交往，不可能每次交往都有文字的记录，以上的文字记录就显得特别珍贵，使我们再一次领略齐白石的大师风范和对后学的提携与鼓励。我们也通过郭味蕖撰写的论文，知道郭味蕖对齐白石满怀着崇敬和怀念的心情。1962年他在《中国人民艺术家齐白石》一文的结尾中说：

> 今天，我们纪念他，学习他，学习他憎爱分明的政治态度和高尚的民族气节，学习他热爱人民、热爱劳动的思想品质，学习他治学的严肃态度和不畏艰苦、力持革新绘画创作的勤奋精神。
>
> 他的一生是劳动的一生，是无穷丰富艺术创造的一生。[②]

齐白石高尚的谦和品格、朴素的平民意识、力主变革的创造精神对郭味蕖的思想更新、理论创新、新型花鸟画的创作都有很大的影响。

（三）徐悲鸿

徐悲鸿（1895—1953），现代画家、美术教育家。江苏宜兴人。家贫，少年有才气，勤奋。1917年留学日本；1919年赴法国，师事画家达仰；1923年入巴黎国立美术学校。1927年回国后，在南京中央大学艺术系任教。1933年曾携中国近代绘画作品赴法、德、比、意、英及苏联展览。新中国成立后，任中央美术学院院长、中国美术工作者协会主

---

① 郭怡孮、郭绵孮主编《郭味蕖艺术文集》，人民美术出版社，2008年3月，第802—803页。

② 郭怡孮、郭绵孮主编《郭味蕖艺术文集》，人民美术出版社，2008年3月，第808页。

图3-11　齐白石为郭味蕖题款的《三友图》和《朴友图》

席。画学贯通中西，对中国民族绘画和欧洲传统美术深有研究。作画提倡"尽精微、致广大"。对中国画，主张"古法之佳者守之，垂绝者继之，不佳者改之，未足者增之"。对西方绘画，凡"可采入者融之"。在艺术表现上提出"宁方毋圆，宁拙毋巧，宁脏毋净"。在教育上要求学生：诚实不偷巧，不走捷径，有坚强毅力。①

　　徐悲鸿又是一位难得的伯乐，他对齐白石、傅抱石、吴作人、黄胄等人的发现、提携与帮助一直是近代美术史中的佳话。同样，徐悲鸿也是改变郭味蕖命运的伯乐和恩人。

　　1950年，郭味蕖携《宋元明清书画家年表》书稿来到北京，在东受禄街16号徐宅拜见了徐悲鸿。徐院长看了书稿，并欣然为此书题写了书名，鼓励他在此基础上继续进行中国美术史的研究。并赠一副对联：

① 参阅沈柔坚主编《中国美术辞典》，上海辞书出版社，1987年12月，第122页。

"好风相从窈窕空谷，游鲲独运凌摩绛霄。"（图3-12）寓有褒奖与希冀之情。此时，味蕖拟谋职美院。院长看过他的画作，认为他的画既有西画功底，又能兼取各种传统画法进行改造，不落前人窠臼。于是，徐悲鸿很想把他调到北京，但由于当时学校体制的变化，话说得比较灵活："我现在不宜直接用人，我先与学校说说。"并云："可先回去，随后以书信告之。"①1951年9月，经徐悲鸿等人介绍，郭味蕖经文化部批示由中央美院人事科通知，即时到校上班，任中央美术学院研究部干事。徐院长在中央美术学院工作人员聘任核定表上批示：

> 郭君对于中国遗产问题已有著作几种，所涉颇广泛，倘给予机会集中精力为之，当有成就。悲鸿。②

自此，郭味蕖开始了新的人生里程。在中央美术学院这所最高的美术学府从事研究和创作工作。

1953年9月23日，第二届文艺工作者代表大会在北京召开，徐悲鸿任执行主席。当晚，脑溢血症复发，9月26日晨2时52分逝世于北京医院。9月29日，中国文学艺术工作者代表大会与中央美术学院的师生们一起举行公祭，灵柩安葬在八宝山革命烈士公墓。12月，北京举办盛大纪念展。郭味蕖痛失了一位关心和帮助过自己的领导和师长，先后撰写了《学习徐悲鸿先生在中国画创作方面的革新精神》《杰出的人民画家徐悲鸿》《画家徐悲鸿》《徐悲鸿先生的收藏》《悲鸿故居和徐悲鸿纪念馆》五篇论文和《徐悲鸿画马序》《徐悲鸿年表》等。曾两次在中央电视台介绍徐悲鸿的艺术。对徐悲鸿的生平与经历、理想与抱负、国画

---

① 参阅郭怡孮编著《画家·学者郭味蕖纪年》，人民美术出版社，2008年3月，第109页。
② 参阅郭怡孮编著《画家·学者郭味蕖纪年》，人民美术出版社，2008年3月，第112页。

图3-12　徐悲鸿赠与郭味蕖的对联以及徐悲鸿和郭味蕖合作的《猫蝶图》　（郭味蕖美术馆藏）

与西画、继承与革新、艺术风格与艺术成就、创作与收藏等方面进行了详细的论述，给予高度的评价。他在其《杰出的人民画家徐悲鸿》一文中说：

> 悲鸿先生又是一位极力主张继承和发扬民族绘画传统、力求革新创作、表现现实生活的战士。他在继承绘画遗产方面，认真学习和总结了前代巨匠们的艺术智慧，批判地继承了传统艺术的优秀遗产，借以开扩胸襟和锻炼笔气。他在艺术思想和艺术创作理论方面一贯坚持生活实践，主张用写实手法，努力推陈出新。①

1956年，中央美术学院报请上级批准，在徐悲鸿故居的基础上成立

---

① 　郭怡孮、郭绵孮主编《郭味蕖艺术文集》，人民美术出版社，2008年3月，第821页。

纪念馆，吴作人任馆长。经吴作人推荐，院里决定调郭味蕖到徐悲鸿纪念馆主持建馆工作。郭味蕖全力以赴，开始了系统研究整理徐先生的绘画作品、文物收藏、图书资料、书信文稿等工作。此后三年多的时间，郭味蕖把自己最宝贵的年华献给了徐悲鸿纪念馆的建设。他亲自设计了建筑方案。他自己回忆说：

> 当时我的主要任务是扩建展览室。定期开馆，接待外宾和群众团体参观。此外是保护整理馆内藏品，进行分类编目贮藏。又编选了一些有关徐悲鸿的创作和纪念馆介绍等交出版部门出版。当时扩建工程经过文化部批准以后，买地皮，迁民居，定材料，画图样，包工程，忙了将近两年，建成一所四合院，又重新修整了故居部分，增建了南厅。又装修了壁橱、玻璃柜等木料装置，展出了有关徐悲鸿的重要创作，正式对外开馆。①

徐悲鸿勤奋的治学态度、卓越的艺术才华、满腔的爱国热情和锐意的创新精神深深地影响着郭味蕖，郭味蕖也以自己丰富的学养，通才的能力，辛勤的工作和实际的行动回报了徐院长对自己提携和帮助。

（四）潘天寿

潘天寿（1898—1971），现代书画家，美术教育家。原名天授，更名天寿，字大颐，号阿寿，别号寿者，雷婆头峰寿者，秃寿，懒道人，浙江宁海人。其画破常规、创新格，布局敢于造险、破险，笔墨浓重豪放，有金石味，色彩单纯，气势雄阔。解放后曾任浙江美术学院院长，中国美术家协会副主席，美协浙江分会主席，第一、二、三届全国人民代表大会代表等职，对书法、诗词、篆刻、画论、画史等均有精湛的研

① 参阅郭怡孮编著《画家·学者郭味蕖纪年》，人民美术出版社，2008年3月，第131页。

究与丰富的著作。

郭味蕖与潘天寿，一北一南，相见的机会理当不多。第一次是1960年，潘天寿在北京举办个人画展，郭味蕖应邀参加了开幕式和潘天寿画展的学术座谈会，郭味蕖写了发言提纲并作了发言。第二次是1962年6月，应山东省政府之邀，南北画家聚会青岛，举办国画联展。杭州的潘天寿也应邀参加此次聚会和画展。潘郭分别为南北两所最高美术学院花鸟画的学术带头人，理当有较为深入的交流。除此之外，没有他们之间往来的其他记录，但，他们有书画交往，在画史画论的研究和花鸟画革新以及"文革"中的遭遇等方面有着许多相似之处。郭味蕖赞赏潘天寿先生在花鸟画继承与创新方面取得的成就，曾经撰文《评潘天寿画》（提纲）和《雨后千山铁铸成——从潘天寿的画展谈起》二篇文章。《评潘天寿画》一文虽说是一个提纲，分别从八个方面进行论述，内容丰富，观点鲜明，有理有据，结构完整。开篇第一个问题是这样的："能道健有力，非文人士大夫之流。广泛修养所来。有实质，非草草漫无法则。有工、有理、有意。"第二个问题是谈笔墨，他说："笔韵、笔力、笔气。一笔贯穿，气韵雄浑朴厚。首尾照应，有秩序，有律吕韵律。"第五个问题是："寓花鸟于山水之区：意境现实而扩大，自然一角意趣，无牵强感觉。气境沉雄开阔，具有书卷气以及写实工夫。"[①]"寓花鸟于山水之区"，是潘天寿花鸟画革新的一大特点，就是把花鸟放置在山水的环境之中，如《梅月图》（1962年）轴、《小龙湫下一角图》（1963年）轴、《雨霁图》（1962年）等，更像是山水画，花鸟的题材放置于山水的环境中表现，山水的成分多于花鸟。而郭味蕖也提倡"花鸟与山水"的结合，则是以坡石、水口等山水元素衬托花鸟的表现，以营造花鸟的生长环境。如《大好春光》（1962年）、《东风朱

---

① 　郭怡孮、郭绵孮主编《郭味蕖艺术文集》，人民美术出版社，2008年3月，第855页。

霞》（1962年）、《潺潺》（1962年）、《春涧》（1963年）等，花鸟的成分多于山水。这是潘天寿与郭味蕖的同异之处。潘天寿与郭味蕖还有一个同异之处，那就是工笔与写意的结合，水墨与重彩的结合。如潘天寿《灵岩涧一角》（图3-13）、《雁荡山花》（图3-14）与郭味蕖的《南岛晨光》（图3-15）、《芭蕉》《初阳》（图3-16）等极为相似，都是运用帅钩与填写、水墨与重彩结合的技法，而二者不同的地方是，潘天寿只是偶尔为之，也没有明确的理论叙述。而工笔与写意的结合，花鸟与山水的结合，水墨与重彩的结合则是郭味蕖花鸟画革新的亮点所在，其"三结合"的技法理论在其《花鸟画技法的继承与革新》《花鸟画的学习和创作》《临摹、写生和创作》《写意花鸟画创作技法十六讲》等多篇文章中有反复的论述和讲解，形成了一整套的理论体系。这是那一代花鸟画家们探索花鸟画革新的必然结果，齐白石在工笔草虫与大写意花卉相结合的大胆探索也取得了成功。这就是"笔墨当随时代"的时代性和共通性。郭味蕖的可贵之处就是敏锐地把握住了时代的脉搏，并把它理论化、系统化。这是他对当代花鸟发展和美术理论的一大

图3-13　潘天寿 灵岩涧一角 1955年 117cm×120cm（潘天寿纪念馆藏）
图3-14　潘天寿 雁荡山花 1962年 150cm×164cm（潘天寿纪念馆藏）

贡献。

1960年，郭味蕖看了潘天寿的画展后，感受很深，十分振奋，撰写了《雨后千山铁铸成——从潘天寿的画展谈起》一文，发表于《北京日报》。开篇就说："看过潘天寿先生的画展，使我十分振奋，并得到了很大的启发和鼓舞。觉得表现在他的画面上的大气磅薄、布势开阔的豪迈意境，有力地表达了时代气息。"①他从潘天寿的画里感受到了一种蓬勃向上的力量，欣欣向荣的景象，是新中国美好形势和光明前途的写照，潘天寿是新时代的讴歌者。文中说："当他看到了革命的光辉的时候，怎不使他尽情唱歌呢？因此，在他的作品中就出现了不同往昔的风范气势。过去曾在他画面上流露过的荒凉、索漠、萧寂的情调是一扫而光了。今天他表现在画面上的韵律是生动活泼的，是欢欣跳跃的，是光辉灿烂的，是日新又新的！"②

文中还谈到潘天寿极注重笔墨，讲究用笔用墨的技巧，要求"强其骨"说自己"一味霸悍"，他的用笔有力、有气、有韵。"用笔劲健而有韧力、灵变、沉着、浑朴而挺拔，随物象的需要而变换用笔的轻重虚实。他的用笔如高峰坠石，惊蛇入草。"③

作为画家的郭味蕖敏锐地发现："潘天寿先生又很注重变形，他笔下的形象都经过了提炼。画面上造型的似与变，与画家深入现实、体验生活，以及艺术修养、笔墨技巧、都有密切的关系。"④潘天寿绘画"造型的似与变"，给郭味蕖以启示，"造型的似与变"成了日后郭味蕖花鸟画革新的另一显著特点，也成了花鸟画实践的指导性理论。

郭味蕖写这两篇文章时，是在1960年，当时他还在徐悲鸿纪念馆

① 郭怡孮、郭绵孮主编《郭味蕖艺术文集》，人民美术出版社，2008年3月，第857页。
② 郭怡孮、郭绵孮主编《郭味蕖艺术文集》，人民美术出版社，2008年3月，第857页。
③ 郭怡孮、郭绵孮主编《郭味蕖艺术文集》，人民美术出版社，2008年3月，第858页。
④ 郭怡孮、郭绵孮主编《郭味蕖艺术文集》，人民美术出版社，2008年3月，第858页。

图3—15 南岛晨光 1962年 132cm×96cm
图3—16 初阳 1964年 135cm×94cm

工作，他对黄宾虹、齐白石、徐悲鸿、潘天寿等名满天下的大师们是非常倾慕和敬仰的，对他们的绘画艺术也是深有研究的。同年10月，郭味蕖由徐悲鸿纪念馆调回中央美术学院中国画系任讲师，除担任花鸟、山水课外，并兼任留学生山水课教师。他说："我回到美术学院国画系以后，担任业务教学工作，心情很舒畅，认为是归了队。"[①]郭味蕖享受"归了队"的愉悦心情的时间并不长，至1966年"文革"开始也就6年时间。同年6月，"文革"开始参加文化部在社会主义学院举办的集训班，8月10日从集训班被揪回美院批斗，被打成"牛鬼蛇神"，遭侮辱打骂。关"牛棚"，隔离审查，写"罪行"交待材料，从事繁重劳动。家中被查抄一空，所有古今字画文物被抄走，衣物家具被封存。1969年12月29

①　郭怡孮编著《画家·学者郭味蕖纪年》，人民美术出版社，2008年3月，第161页。

图3—17　潘天寿赠送给郭味蕖的画
（郭味蕖美术馆藏）

日以"疏散"为由遣返故里。这一次遣返后，郭味蕖再次"归队"的愿望就再也没实现。他与其倾慕的潘天寿大师的命运颇为相似。1971年，潘天寿75岁，听罢被定为反动学术权威的结论，愤慨之余，再度遭受打击。数月后，于9月5日逝世。而此时的郭味蕖听说周总理要邀请老画家们来北京为我国驻外使馆画画，得到这一消息后，积极做回北京的准备，并写信与北京的孩子们联系，"拟于十二月十日左右回京，听听学校情况，就近看看病，看看亲人们。"①繁忙地做回京的准备。当时有友人说近日美国尼克松总统访华，北京将要清理外地人员，建议他暂不回京，心中怅怅不乐，突然发病，不能语。昏迷七日后，于1971年12月21日逝世于潍坊人民医院。这一年一南一北，二所最高美术学府的两颗星星陨落了。

（五）叶浅予

叶浅予（1907—1995），原名叶纶绮，笔名初萌、性天等。从小喜欢书画，初以漫画名世。1937年任《救亡漫画》编委，1942年在贵州苗族地区以民间艺术和中国画笔墨相结合作写生尝试，1943年访问印度，以中国画法作舞蹈人物，成为叶浅予由漫画向中国画转折的标志，中国画受张大千影响较大。叶浅予历任北平艺专、中央美院教授。1955年出任中央美院彩墨系主任，1958年彩墨系正名中国画系，仍为系主任。中

① 郭怡孮编著《画家·学者郭味蕖纪年》，人民美术出版社，2008年3月，第245页。

国文联委员，中国美协副主席，中国画研究院副院长等职。

在叶浅予任中国画系期间，1960年10月，把郭味蕖从徐悲鸿纪念馆调到中国画系任讲师。回中央美术国画系执教后，教学上得到了叶浅予的大力支持。郭味蕖心情振奋，心怀感激，并把得意的写生佳作《高山绣球花》（图3-18）赠予叶浅予；同时，全身心投入到美院国画教学及美术理论的探索研究中，积极开展中国花鸟画的教学实践和创作实践，提出了一系列花鸟画教学的新主张并大力践行。根据郭味蕖在"文革"中的"交待材料"有这样的表述：

"60年10月，调回美院任系讲师。课堂上传授技法、锻炼技巧，强调有关理论的讲授是重要的。懂得了技法理论，才有创造能力。重视'四写'法和'三结合'法。欣赏大自然，到大自然中寻找素材。追求花和鸟的写生规律、生活规律和环境氛围。要求通过速写和写生，构成花鸟画创作。我要求学生做'透网鳞'，讲笔韵、墨韵、气韵、水韵的不同含义，讲神妙意境、笔墨趣味和形式技巧。"①

虽说这是郭味蕖的"交待"材料，仍表白着他在花鸟画教学上所坚持的思想与观点。从这些表述中无疑可以看出他透彻的认识，对自己的教学体系的自信。与此同时其花鸟画创作也进入了高峰时期，大部分的创新的代表作品都是1960年至1966年间创作的。如果说徐悲鸿这位伯乐，把郭味蕖从潍坊市新青中学调入中央美术学院从事美术史论的研究，改变了郭味蕖的人生命运的话，而叶浅予、丁井文等人努力把郭味蕖调回中央美院国画系执教，则是把郭味蕖从幕后推向了台前，使这位饱学之士，储备、厚积几十年的学识得到了薄发。

叶浅予长郭味蕖一岁，又是郭味蕖的上级领导，叶浅予对郭味蕖非常关心和照顾。特别是"文化大革命"开始后，郭味蕖与叶浅予、李苦

① 郭怡孮编著《画家·学者郭味蕖纪年》，人民美术出版社，2008年3月，第161页。

禅、李可染等人为一组劳动改造。因患腿疾，由于造反派的阻挠，未得到及时的救治，繁重劳动使腿部疾病越发严重。叶浅予与郭味蕖同被关在一个"牛棚"，叶先生性子倔强，挨打受苦也最多，但他仍然关怀着郭味蕖。有时发现郭味蕖没吃上饭，就给他带点吃的东西回来，叶先生有几颗硝酸甘油也送给了郭味蕖，并说："留着，必要时含着。" 郭味蕖夫人陈君绮有诗《感叶浅予先生》记叶、郭患难之交，并将此诗列为《竹影集》之首：

> 患难之中感真诚，扶弱怜懦手足情。分药购食高谊重，子女终生永心铭。①

1979年2月，郭味蕖得以平反昭雪。1980年1月在北京八宝山革命公墓隆重举行追悼大会。本月24日按照中央美术学院党委的决定，郭味蕖遗作展在中央美术学院陈列馆展出。吴作人院长为展览题名，叶浅予先生撰写遗作展前言，饱蘸着情感说：

> 郭味蕖是中央美术学院国画系教师，以毕生精力从事中国传统绘画艺术的历史研究和创作实践。他在任教期间，对花鸟画推陈出新作出了卓越的贡献。1966年以后，他遭受林彪、"四人帮"极左路线的残酷迫害，1971年12月21日患重病致死。我们为他举办这个遗作展览，用以纪念他为实现革命的文艺方针所作的努力，同时，也对林彪、"四人帮"摧残艺人的罪行表示极大地义愤！②

---

① 郭怡孮编著《画家·学者郭味蕖纪年》，人民美术出版社，2008年3月，第228页。
② 郭怡孮编著《画家·学者郭味蕖纪年》，人民美术出版社，2008年3月，第261页。

图3—18　郭味蕖赠叶浅予的《高山绣球花》及局部图

　　叶浅予先生对郭味蕖的教学工作鼎力支持，"文革"中患难与共，自然对郭味蕖相知最深。后来把对郭味蕖在"文革"中不幸遭遇的惋惜之情化作对其子女的关爱。郭怡孮在其《怡园艺话》一文中说：

　　　　1978年我调入中央美术学院中国画系任教，并戏剧性地担任了我父亲生前的工作——中国画花鸟画科主任，系主任叶浅予先生给了我许多指导与帮助。[1]

可以说叶浅予先生是郭味蕖及其儿子郭怡孮的大恩人。

　　当然，影响和帮助过郭味蕖的，除了以上提及的还有很多，在此不作一一展开，总之，一个人要有所成就，要在事业上成功，需要方方面面的诸多因素，如前所述的家庭出身，生活环境、时代背景、师友的

---

① 郭怡孮著《中国近现代名家画集·郭怡孮》之《怡园艺话》代序，人民美术出版社，2001年9月。

提携与帮助，领导的重用与信任，等等，这是外因条件。这是非常重要的。不过，我们也知道，外因条件是要经由内因条件发动才起作用的，与郭味蕖自身的天赋与才情，一生的躬耕与苦读，不懈的追求与努力是分不开的。他既重对古人的学习又重对今人的学习；既重视理论研究，又重视艺术实践。并经由理艺相通，达到古今相通了。

第二节　中西相通

在二十世纪二三十年代，随着五四新文化运动的掀起，以及"美术革命"思潮的影响。1928年前后，中国美术界十分活跃，新的美术院校成立。各种画会、画派、研究会、进步团体十分活跃，美术刊物纷纷创办。1926年，十九岁的郭味蕖在潍县参加了上海美专函授部的学习。先学习木炭肖像画，分阶段地集中练习肖像、静物和风景，继而学习油画，从此决定一生从事美术事业。决意离家赴上海学习绘画。母亲不同意，于是郭味蕖请来先一年到上海学习的同乡徐培基去做工作，现身说法，母亲才允许爱子负笈上海。他在《关于花鸟画的学习和创作》一文中回顾说：

> 读中学的时候便参加了上海美专函授班学习，三期毕业。开始学擦炭画，继而西洋水彩，往返地函寄画本、范本，这使我以后很顺利地考取了上海艺专。[1]

以上简短的一段话中提到了二所美术专门院校，上海美术专科学校

---

[1]　郭怡孮、郭绵孮主编《郭味蕖艺术文集》，人民美术出版社，2008年3月，第902页。

图3-19　郭味蕖自画像与上海求学时的照片

和上海艺术专科学校。

　　根据《中国美术辞典》我们了解到：上海美术专科学校于1912创立。初称上海美术院，复改名上海图画美术院。刘海粟任校长。丁悚任教务长，马始光主持经济。1917年聘江小鹣为教务主任，并组织校董会，聘请蔡元培、梁启超、王震、沈恩孚、黄炎培为校董。1920年更名上海美术学校，次年改名为上海专门学校。1927年暂停办，次年复校，刘海粟赴欧考察，由徐朗西代理校长。1930年改名为上海美术专科学校。1935年刘海粟游欧归国，主持校务。有国画、西画、图案画、劳作四个专业。1946年谢海燕曾任副校长。次年设有三年制、五年制专科（分中国画、西洋画、图案及音乐四组），并设三年制艺术教育科（分绘画、音乐、劳作三组），还设有研究生班、特别选科及夜班。自1914年起即采用人体写生。曾多次举办学生成绩展览会，教师作品展览等。1952年全国高校院系调整，并入华东艺专。

　　上海艺术专科学校于1930年创立，由王道源在人文艺术大学基础上改组而成。陈抱一任西洋画系主任。1932年一·二八事件中被毁。[①]据

①　参阅沈柔坚主编《中国美术辞典》，上海辞书出版社，1987年12月，第155页。

《学者·画家郭味蕖纪年表》记载：

> 1929年，郭味蕖修完了上海美专的课程，认为对上海美专的教学已基本熟悉，应该换一所学校，学习更新的知识，当时，上海艺专新近组建，有不少留学归来的教师，逐投考了艺专。上海艺术专科学校是一所私立学校，由王道源接办人文艺术大学，并将其迁至闸北红湾改建而成。当年，郭味蕖考入该校西洋画科，在科主任陈抱一和教授陈之佛、倪贻德的指导下，开始了一段新的学习生活。①

根据《中国美术辞典》和《学者·画家郭味蕖纪年表》的记载，我发现了两者时间性的差异。《辞典》说："上海艺术专科学校于1930年创立。" 在《纪年》一书中1928年纪年中，——"1928年前后的中国美术状况" 也有："本年（1930年），王道源创办私立上海艺术专科学校"的记载。但在《纪年》一书中1929年纪事中却说："当时，上海艺专新近组建，有不少留学归来的教师，逐投考了艺专。" 在刘曦林著《郭味蕖传》一书中也说："1929年，郭味蕖到上海。他本拟投考上海美专，但听说新成立了上海艺专，逐投考了艺专。" 如果说两者有一方在时间上出了错，似乎也讲不过去，因为两者都有佐证。我们从《纪年》1931年纪事中载有郭味蕖的毕业证书的文字。可惜不是影印稿。其落款是王道源，时间是中华民国二十年七月一日（1931年7月1日）来看，上海艺专是秋季入学夏季毕业的二年制专科学校。郭味蕖是1929年入学的学生无疑。本年纪事中载毕业证书上说："上海艺术专科学校第三届毕业。"来看，1930年"由王道源接办人文艺术大学，将其迁至闸北红湾改建而成。"的记载中知道，"人文艺术大学"是"上海艺专"

---

① 郭怡孮编著《画家·学者郭味蕖纪年》，人民美术出版社，2008年3月，第46页。

的前身。郭味蕖应当在上海艺专正式建成之前，报考了"人文艺术大学"。上学半年后才由王道源接管并更名为"上海艺术专科学校"。而且此前还有二届学生。可见，二者的表述与实际并不矛盾，只是人们在回顾往事时，习惯于更名后的名称表述，造成一种时间表述上的错觉。

在中国近现代的百年历程中，上海可以说是见证历史的一个五光十色的大舞台。上海不仅是一个商贸中心，同时，也成为一个文化艺术的中心。

就美术而言，1926年，中国金石书画艺观学会在上海成立，黄宾虹任会长。1928年11月朝华社在上海成立，由鲁迅、柔石发起组织，鲁迅主持。《美育杂志》在上海创刊。1929年4月10日，教育部主办的第一次全国展览会在上每举行。1930年，南国画会在上海成立，吴作人任会长。同年，中国左翼美术家联盟在上海成立，许幸之为主席。本年，王道源创办私立上海艺术专科学校。1931年，上海一八艺社研究所在上海成立。由被国立杭州艺专开除和被退学的一八艺社社员张眺、于海、陈卓坤、陈铁耕等联合上海的江丰成立。上海文化艺术之繁盛可想而知。此时，郭味蕖在上海就读，期间直接地接触新鲜的西方文化及普罗文学作品。如饥似渴地吸收新思想、新文化，与进步青年交往。广泛地借阅、传阅、购阅进步书刊。经常出入租界书店，大量地购买进步书刊杂志。阅后便将书刊寄回潍坊家中。后来，在"文革"中回忆这段学习经历时说：

　　我在艺专学习的几年，广泛地吸取了有关世界文学和美术的知识。这时在美术方面，除了学习实践西洋画的创作以外，也钻研有关中国和西洋的美术史论以及世界名画家的传记和创作。当时我也深深地爱上了文学，我读了许多我国翻译出版的世界文学名著，如十九世纪末二十世纪初期俄国托尔斯泰、屠格涅夫、高尔基等人的作品，法国巴尔扎克、佐拉、莫泊桑的小说，挪威、日本文学家的小说和戏剧，希腊、印度的神话寓言以及英、法、俄、日等国家的文学史等等。特别是我国文化革命的主将鲁迅的作品，和当时左翼作家联盟出版的期刊。读后给我很大的启发。我也曾两次去上海艺大听鲁迅的讲演。当时我自己觉得还是一个站在时代前线的青年。[①]

在上海，其业师陈抱一、倪贻德、陈之佛都是留日本归国的教授，受他们影响，开始自学日文，并从学于一位日籍女教师，能阅读一般书籍。订购日本陆续出版的《世界美术全集》。

在上海艺专的学习期间，郭味蕖系统地掌握了如下几个方面的知识和技能：

一是设计的基础知识和技能，如二方连续四方连续图案纹样。

二是书籍封面和小说插图的设计（图3-20）。

三是商品设计和工艺设计。

四是素描和速写 。

五是水彩和油画的写生与创作（图3-21）。

总之，郭味蕖既学设计，又学绘画，且无论是设计还是绘画都达到了很高的水平。在上海艺专教授图案和设计的老师是陈之佛，日本东京美术学校图案科毕业，成为国人专修工艺图案第一人，1924年回国后，从事工商图案设计（丝绸纹样）和教学。三十五岁后，并致力于国画研习。曾任上海艺术大学、上海美术专科学校、上海艺术专科学校、南京中央大学教授，杭州艺术专科学校校长等职。新中国成立后历任南京师范学院艺术系主任，南京艺术学院副院长等职。陈之佛也是一位艺

① 郭怡孮编著《画家·学者郭味蕖纪年》，人民美术出版社，2008年3月，第46—47页。

图3-20 书籍插图　　　　　　　　图3-21 油画写生

理双修、中西双修的通人。著有《图案构成法》《图案ABC》《图案第一集》《西洋美术概论》《中国佛教美术与印度美术之关系》《艺用人体解剖学》《中国陶瓷器图案概观》等十余种专著。陈之佛先生治学谨严，对学生极好，谆谆善诱，因人施教，鼓励后学，深得学生爱戴。1962年1月陈之佛逝世。郭味蕖撰悼雪翁夫子文：

　　嗟我夫子，明洁庄中。一夕奄忽，百思莫穷。夙钦清芬，时承教诲。师范艺苑，式型永垂。海云新月，邓蔚春风。（61年为余作梅花山茶）神兮寂兮，长怀逗踪。①

郭味蕖的学生王晋元曾撰文回忆：

　　郭先生在生活中极重师生之情，有些事给我印象很深。一天，

① 郭怡孮编著《画家·学者郭味蕖纪年》，人民美术出版社，2008年3月，第183页。

郭先生来上课，情绪不高，当时我们觉着奇怪，怕他身体不舒服，劝他休息，他最后说："我身体没什么，你们知道，我的老师陈之佛先生去世了，我很难过。陈之佛先生、人品画品都极高，他是我真正的教师，对学生极好！"我们当时听了也都默然了。他的心情我们能理解。陈先生在天之灵，大概会知道，他的一位学生，在为他的逝世悲泣。[①]

郭味蕖学习非常认真，就设计而言，从二方连续、四方连续图案纹样，到书籍装帧、插图、商品设计、工艺设计都系统地学习。图案设计必须有严格的写生基础，必须通过写生、观察、分析、描绘出自然界花卉禽鸟的形态特征，寻找本质的美，然后根据图案的造型法则，加以取舍和变化，取其形而又求其神。从郭味蕖在学生时代所设计的作品来看，做到了对比调和，节奏均衡，疏密有致，位置得当，简洁大方，雅致隽永。

除学习图案和设计外，绘画方面郭味蕖学习素描、水彩和油画，从其留存的作品来看，大多是油画写生的作品，有风景、静物、女人体、自画像等。师从陈抱一和倪贻德两位教授。

陈抱一（1893—1945），近代画家。广东新会人，出生于上海。陈抱一自幼喜欢西画，曾两次东渡日本，初入白马会洋画研究所，后入东京川端美术专科学校，风格上受到欧洲后期印象派与现实主义影响。[②]

倪贻德（1901—1970）现代画家、作家。浙江杭州人。1919年入上海美术专科学校，毕业后留校，为俄籍西画教师普特西斯基画室研究生。1927年东渡日本，入东京川端美术专科学校，从藤岛武二学画，并

---

① 郭怡琮编著《画家·学者郭味蕖纪年》，人民美术出版社，2008年3月，第183页。
② 参阅《中国美术辞典》，上海辞书出版社，1991年1月，第117页。

曾组织中国留日美术研究会。翌年回国。早年创作倾向于雷诺阿、塞尚、马蒂斯、特朗,但,主张在西画中吸取民族艺术的营养。追求造型简括。线条朴实,色彩纯净的风格,形成自己面貌。[①]

郭味蕖受两位老师的影响,绘画风格自然也受后期印象派的影响,特别是受塞尚的影响尤深。"塞尚是那样一心一意地献身于风景、肖像和静物各个主题,世界上的艺术家很少有人能比得上他对艺术史的贡献。"[②]塞尚的绘画艺术主要是"轮廓线"和"灰调色彩"的巧妙运用。郭味蕖由于早年一直在学习中国画和书法,对绘画中轮廓线的应用特别敏感。无论是风景、静物、人体、甚至自画像都喜欢用黑色的轮廓线,用线表现物象这是东方艺术的特点和优势,这与倪贻德老师主张:"在西画中吸取民族艺术的营养。"有着直接的关系。再者就是郭味蕖善于运用灰调色彩,用色沉着雅致。也是塞尚风格的用色倾向。总之,郭味蕖的绘画,无论是水彩,还是油画,与其导师陈抱一、倪贻德崇尚西方后期印象派塞尚、高更等艺术风格是一脉相承而又各具特点的。

他上海求学不到3年,主要接受了新文化、新思想和新艺术。他回忆那段生活时说:"在上海艺专,学的是西画系,也画一些国画。但当时认为国画已很腐败,青年人怎能学国画呢?当时一年级学素描、石膏、静物之类,二年级以后学油画人体,风景画是自由课,课外自己画的。"[③]然而,在郭味蕖留存的油画作品中大部分是风景画,水准最高的也是风景画,或画乡村一隅,古刹名胜,或画小桥流水,湖光山色,皆颇有诗意。有一幅桃园写生水彩画,题着两句自由体的新诗句:"桃园

---

① 参阅《中国美术辞典》,上海辞书出版社,1991年1月,第125页。
② 美国H·H·阿纳森著、邹德侬翻译《西方现代艺术史》,天津人民美术出版社,1986年12月,第37页。
③ 刘曦林著《郭味蕖传》,山东美术出版社,1998年9月,第27—28页。

洞外的花，寂寞得只有把自己的影映在水中。"这些"课外自己画的"风景画，特别是1932年上海艺专毕业后，在北平的油画写生，如《故宫》（图3-22）、《天安门》（图3-23）、《北海金鳌玉洞桥》等作品，无论是用笔造型、色彩、或是意境已达到了很高的水准。就此可以说明郭味蕖举一反三、融会贯通的学习能力。也打下了坚实的设计基础和绘画能力。尽管如此，郭味蕖最终没有沿着西画的道路继续走下去。从"认为国画已很腐败，青年人怎能学国画呢？"到"中国人更应该懂得中国画"的转变，其原因是多方面的。与其民族意识的逐渐觉醒和中国传统文化的学习有直接的关系。

图3-22　油画写生　天安门　（郭味蕖美术馆藏）
图3-23　油画写生　故宫　（郭味蕖美术馆藏）

　　1931年9月18日，九一八事变爆发，上海学生赴南京国民政府门前集会示威，要求政府抗日。郭味蕖在上海积极投入到抗日宣传活动中，静坐、写抗日标语，支援南京请愿的同学。1932年1月28日夜日军从所占的上海租界向闸北、江湾、吴松等区域发起进攻，驻守上海的国民党19路军奋起抵抗，上海各界民众积极支援19路军。郭味蕖一·二八前夕继续在上海参加抗日宣传活动。其就读的学校位于闸北红湾的上海艺专被毁。我们知道上海艺专郭味蕖提到的三位老师陈抱一、陈之佛、倪贻德都是留学东洋日本归国的教师。郭味蕖十分敬重和倾慕，东洋日本也是郭味蕖心向往之的地方。故自学日语并随日籍女教师学习日语。没有想到的是东洋日本帝国主义者很快就露出了狰狞的面目，接连挑起事端，意在吞并中国。此时，在国家危难之际，民族意识在逐渐觉醒。这在当时的美术界是一个非常普遍的现象，许多在世纪之初至二三十年代"美术革命"的先锋人物，也都重新开始审视民族的传统文化。民族的传统文化是民族精神的载体。无论是一个人，甚或一个民族，当生活家园受到侵害的时候，人们首先想到的是要维护自己的精神家园，它是民族的凝聚力，也是民族的向心力。

1932年10月傅雷在《艺术旬刊》第一卷第四期发表了《现代中国艺术之恐慌》一文，傅雷认为：中国艺术是哲学的、文学的、伦理的，和现代西方艺术完全处于极端的地位。多少青年，过分地渴求着"新"与"西方"，而跑得离他们的时代与国家太远！文章最后说：

> 啊，中国，经过了玄妙高迈的艺术光耀着的往昔，如今反而在固执地追求那西方已经厌倦，正要唾弃的"物质"，这是何等可悲的事，然也是无可抵抗的命运之力在主宰着。[1]

傅雷这篇文章中看到了西方科学主义在画坛肆虐的危害，而发出无可奈何的叹息。而对那些"全盘西化"的社会性思潮的对抗，则有1934年10月，国民党掌管意识形态的陈立夫在《文化建设》第一卷第一期（上海文化建设月刊社）上以《中国文化建设论》为题，倡导"民族文化复兴运动"，以为"民族文化运动，实系恢复民族自信的运动。"[2]

---

[1]　邵琦、孙海燕编《二十世纪中国画论讨集》，上海书画出版社，2008年7月，第55页。
[2]　林木著《20世纪中国画研究》（现代部分），广西美术出版社，2000年1月，第22页。

1934年10月10日郑昶在《文化建设月刊》创刊号发表论文《中国的绘画》一文，其在结论中说：

> 我民族对国画，自当有深切之认识。盖国画本身之奇伟高贵，已足使吾人所当奉为民族文化有光荣的权威者——站在次殖民地地位的民族，而有此文化，是犹破落户之存有窖金，将善用之而复振家业乎？将弃置之而任人窃取乎？是在吾人善自谋之，请尽其说。①

认为国画为民族精神所寄托亟宜发扬光大；国画已受世界文化侵略之压迫，宜速自觉而奋起；国画实具缔造世界和平的感化力亟宜传播。

1935年，以10位教授为代表的《中国本位的文化建设宣言》掀起的重建中国本位文化的另一文化思潮。这种观念既不反对吸取西方之所长，也不反对批判民族文化之所短，意在以中国民族文化为本位为基础的新的民族文化的建设。此种思潮无疑引起了人们对民族文化传统的重视。②这场"民族文化复兴运动"的思潮，对郭味蕖的影响是至关重要的。他是一个中西皆修的时代青年，在毕业后的一段时间里他既画西画，也画中国画，1937年考入故宫古物研究所以后就转向了中国画。这是郭味蕖从"西学"回归传统的一个原因。第二原因则是与在入故宫古物研究所之前，曾有一段时间天天沉浸在书海之中，所读之书有文史子集、历代诗词、画史画论、美术文学、雕塑建筑等，特别是诗词古文和美术史论之类使他得到了很多的慰藉和启示。受中国传统文化的影响很深。这是郭味蕖复归传统，从西画转向中国画的第二个原因。

不过，近十年时间的西画学习和实践，使之走向了"中西相通"的

---

① 邵琦、孙海燕编《二十世纪中国画论讨集》，上海书画出版社，2008年7月，第68页。
② 参阅林木著《20世纪中国画研究》（现代部分），广西美术出版社，2000年1月，第22—23页。

艺术探索之路。其面向现实、面向自然的写生观念，西画的造型观念、色彩观念，设计构成的观念，中西艺术交融互补的观念，在日后郭味蕖的花鸟画革新上提供了潜在的思想支持和技术支持。

第三节　诗书画印相通

中国绘画与书法艺术的结合，是形成中国民族风貌的原因之一。据后魏孙畅之《述画记》说："灵帝诏邕画赤泉侯（汉高祖时，封杨喜为赤泉侯）五代将相于省，兼命为赞及书。邕书画与赞，皆擅名于代，是称三美"。[①]赞是一种文体，说优点也说缺点，汉末蔡邕工书画，博学多能，作画赞在蔡邕之前就有过，蔡邕是首次把书、画、文结合在一起，获得相得益彰的效果的人。发展到唐代就出现了"诗书画三绝"之说。郑虔《新唐书》有传："天宝九年（750），郑虔作山水并自题诗上献玄宗。玄宗对郑虔诗书画赞誉有加，在画上亲题'郑虔三绝'。"[②]唐以后此风不绝，经宋、元、明文人画家标榜倡导，"三绝"遂成为了文学、书法、绘画三种综合而成的、独特的中国艺术形式。

明代文人治印渐成风气。文彭与何震堪称是文人印学的开拓者和奠基者，他们都主张篆刻必须精通六书，才能入印。追求书法与刀法的规范通则，驱刀如笔。流风延续数百年。清乾嘉时代金石学盛行，书学中兴，印学繁荣，名家辈出，并涌现出不少在印学方面有杰出成就的画家，中国绘画经由诗书画"三绝"进入诗书画印"四全"的历史时期。

---

① 葛路著《中国画论史》，北京大学出版社，2009年1月，第27页。

② 万青力著《"三绝"到"四全"：齐白石的艺术成就与近世画学之变》载《美术研究》第1期，2011年2月，第6—9页。

至此，中国的印学史也由无名印工所创造的数千年印章史，转变为有名有姓的文人印学史。17世纪的程邃，18世纪的金农、郑燮、高凤翰，19世纪的赵之谦，20世纪的吴昌硕、齐白石、黄宾虹、潘天寿等，是中国绘画涌现出来的"四全"代表人物。这是中国文化"通人"之学的又一显著特点。受上述历代"三绝""四全"画家影响。郭味蕖走的也是一条打通诗书画印的"通人"之学的道路。中国画学是一个庞大的系统工程，中国画的背后是画史，画论、画法、品评、鉴赏、文房、材料、装裱等多方面的历史积淀。而其形成内容的内在要求则是"诗书画三绝"乃至"诗书画印四全"的综合表现。学中国画的人不易，诗书画印像一座座耸立的高山，着实是关隘隔阻，只有打得通的，才算是好汉。郭味蕖不像前辈老师齐白石、黄宾虹他们那样在"三绝""四全"上取得那样显著的成绩，四个方面都有突出的表现，不仅是画家，又是书法家、又是篆刻家。但他经由艺理相通，古今相通，甚或中西相通达到的诗书画印相通，是融合于他的绘画之中的"三绝""四全"。

一、诗文

郭味蕖的文，我们看到得很多，文风朴实，文辞优美，文理清淅、言简意赅、好读易懂。而其所作之诗却为数不多，很难看到。郭味蕖对诗是熟悉的，他未曾见面的父亲，少年时期就诗才横溢，有《垂髫吟》诗集一卷留存，郭味蕖一直带在身边。他的夫人陈君绮是陈介祺的玄孙女，是一位修养极高的奇女子，亦善诗文、字画，有诗集一卷，曰《竹影集》，正如陈君绮诗集中《婚后》一诗曰："金石篆刻丹青册，今古文章与诗篇。惟望与君齐纳取，碧纱窗前共钻研。"[1] 受父亲和夫人的影响，郭味蕖学诗、懂诗、亦有诗才。1960年，在寄潍坊友人、篆刻家王

---

① 郭怡孮编著《画家·学者郭味蕖纪年》，人民美术出版社，2008年3月，第38页。

端《梅》《兰竹》两幅画上的题诗是："千里芳思凭谁说，寄于潍上疏狂人。"，"元日画兰竹，远寄王泉荪，万水千山外，知余老更亲。"[①]借以表达对老朋友的思念之情。

1961年郭味蕖担任中央美术学院国画系花鸟科班主任。夏天，与中国画系黄铸夫、黄均、王定理、青年教师姚有多和四年级学生赴敦煌实习。这位有志于研究中国画史的艺术家见到如此灿烂壮伟的佛教艺术画廊，格外兴奋。在敦煌临摹魏、隋、唐、宋、元壁画并研究塑像、图案及佛经故事和各代色彩。敦煌艺术的营养渗透他的艺术之中，画了许多山水写生（图3-24）和山水创作。更难得的是他借千佛洞前高坡上那株枝叶郁茂荫广十亩的古榆抒发过自己的感慨，因敦煌考察二十余日间数过古榆之下，而赋《古榆行》诗。全文如下：

古榆行

莫高窟前有古榆，枝干杈丫蛟龙舞。

历尽风霜不计年，野老指点说宋初。

委身荒漠谁是主？地偏幸得免斤斧。

沧桑变幻只须臾，沙门乐僧行脚去。

当年煊赫推节度，今日张曹埋黄土。

三危月黑虎狼来，鸣沙风动鬼神怒。

艺苑千载仰胜迹，人民百世保宏图。

沙丘点点峰燧靖，赖尔青青荫十亩。

我来摩挲三叹息，独对寥天忘今古。

诗后郭味蕖对诗中内容作了进一步的说明：

① 郭怡孮编著《画家·学者郭味蕖纪年》，人民美术出版社，2008年3月，第161页。

图3-24　敦煌石窟　1961年　43cm×49cm

　　莫高窟一名千佛洞，距敦煌50里。古树已近千年。此地远处边陲，黄沙千里，荒无人烟。沙门乐僧首开莫高窟，距今已有一千三百多年，张议潮、曹元忠皆当时敦煌郡节度使，威震西域。三危山、鸣沙山是洞窟所在。清光绪末壁画、泥塑为英、美间谍所盗。莫高窟被推为世界艺术宝库之一。解放后成立敦煌文物研究所保管之。鸣沙山上极目千里黄沙，烽火台遗迹无数。古榆大十围，荫十亩。1961年予曾留敦煌莫高窟实习20日，曾数过其下。①

　　这是郭味蕖留存的唯一的一首长诗，读来确有思接千载，视通万里的诗人情怀，感情真切，思想深邃，意境优美，想象丰富。由一株古榆引发的感慨，既有"地偏幸得免斤斧"的自然关怀，又有"沧桑变化只

———————
①　郭怡孮编著《画家·学者郭味蕖纪年》，人民美术出版社，2008年3月，第170页。

须臾"的人生感叹！既有"当年煊赫推节度"的抚今追昔，又有"独对寥天忘今古"的两忘状态。这正是艺术家与自然交往的神思与心身。

1963年，郭味蕖赋诗赠1963年美院的毕业生。诗文是："五年相聚日，八月惜别时，艺术戒矜躁，愿君慎自持。赠别1963年毕业同学。"书联"欲持一瓢酒，远慰风雨夕。"赠别詹庚西同学。表达了郭味蕖对学生依依不舍的惜别之情，叮嘱学生要戒骄戒躁，好好把握和努力。学生詹庚西日后深情地回忆说：

> 后来毕业时我去贵阳大学，我去见先生辞别的时候，先生特别难过，眼睛里都含着泪，送我一副对联，写的是："欲持一瓢酒，远慰风雨夕。"就是说，我像他的孩子一样啊，要走出远门了，要走（做）自己的事业了，肯定要碰到风风雨雨的。我今天给你一瓢酒，是祝福你好好走上这条路！要经得起风雨的考验！[1]

郭味蕖作诗是著书、绘画的余事，偶尔为之，故留存的诗作不多。但郭味蕖写了很多的对联。中国文学中的诗词曲联都是用声律表现的文体，讲究四声与平仄，押韵和对偶。不过，对联的声律与诗律、词律、曲律都各不相同，有其各自的要求和规律。对联或称联对、楹帖、楹联。它来自骈文诗赋，是对偶的一种较为实用，雅俗共赏的文学体例。在郭味蕖生命旅途的最后两年，他找到并充分利用了与诗略有不同的另一种抒怀的艺术样式——对联。所撰所书对联数量超过他当时的画作，正如其自书的一副对联曰："泼墨淋漓吐块垒，渴笔淡淡抒性灵。"[2]也是自我写照。

---

① 郭怡孮编著《画家·学者郭味蕖纪年》，人民美术出版社，2008年3月，第205页。
② 刘曦林著《郭味蕖传》，山东美术出版社，1998年9月，第205页。

1966年夏，"文化大革命"开始，至1969年12月，郭味蕖被打成"牛鬼蛇神"，遭批斗，受辱骂，关牛棚，家被抄，所有文物、字画、古董文玩及生活用品和文房用品查抄一空。参加繁重的劳动改造，写揭发材料、交待材科、认罪书。度过了三年多非人的苦难生活。1969年郭味蕖本人成分被定为"地主兼自由职业者"，按人民内部矛盾处理。12月29日以"疏散"为由遣返故里。据1969年底的一份《退还查抄财物登记表》可知，发还被允许他和夫人带走的东西，仅有大衣两件，皮鞋三双，帽子一顶，布包袱皮三件，铁壶一把，还有一些碗筷，艺术品中，仅发还了67方印章。他们走得十分凄凉。郭味蕖历代家藏的文物字画和自己收藏的文物字画数以千计，包括自己一生创作的书画和文稿，未曾想到，再也无缘相见！回到潍城的当夜，郭味蕖便一气挥毫四五纸。以墨写的长卷，作无声的长歌。因是疏散回乡，从此遂言家园为"疏园"自号"散翁"。刘曦林先生在撰写《郭味蕖传》时深情地写到：

> 他本是一位清高绝俗的文人，20年来，在时代的感召下，转变为积极入世的知识分子。但是，政治的失误挫折了他的参与热情，也许他想起了陆游失意自号"放翁"、板桥不得志制印"樗散"，遂自号"散翁"，称家园为"疏园"。这种情思上的默契或者共鸣，把他抛回到了失意文人的境地。[1]

郭味蕖是一位文人，是一位饱学之士。多年郁结在心中的块垒，需要倾吐，久日抑压于胸次的性灵需要抒发。只有挥洒淋漓的笔墨，才能找到自我。他又成了一位清高绝俗的文人，他画画仅用水墨，所画皆为梅、兰、竹、菊、荷、水仙等喻意君子仙人的题材。他画水仙，题"骚

---

① 刘曦林著《郭味蕖传》，山东美术出版社，1998年9月，第201页。

人空自吟芳芷，清姿终不污泥沙"；画竹石，题"风雨不能摇"；画墨竹，题"请看一片萧萧竹，画里阶前总绝尘。" 除了画画，他撰写和书写了很多对联，其联语亦多寄情书画，感悟人生，或游踪胜景的抒怀之句，对仗工整，喻意深刻，颇富文采。例如：

> 江山形胜归图写，今古诗篇付品评。 庚戌新正。
>
> 好书悟后三更月，良友来对四座春。 庚戌正月归潍上。
>
> 比岳家军从天而降，如黄河水导海以归。
>
> 形骸已随流年改，笔墨犹争造物工。
>
> 计黑布白错纵映带，指实掌虚悬腕中锋。 ——与学子论书法

又如：

> 长辑谢时望，高歌掩蔽庐。
>
> 帘前春色应须惜，身外浮名好是闲。 庚戌小寒后一日
>
> 千里寸心长炯炯，廿年双鬓漫苍苍。 予居京华二十年，庚戌岁始归潍上，一旦离去，衷心怊怊。
>
> 荣宠不惊心若止水，光阴最重穆如清风。
>
> 旦喜胸中有残锦，问天乞与放翁年。

再如：

> 喷雪百丈九龙瀑，丛箐十里苦竹溪。
>
> 落月霜天寒山寺，细雨长林拙政园。
>
> 系揽二十四桥探平山胜迹，攀索三十六峰穷白龙奇观。
>
> 长廊卧波，碧水青山竹索桥；雪峰连云，扪参历井玉垒关。
>
> ——记川西由离堆伏龙观望都江堰一带形胜
>
> 茅椽迎朝晖，访拾遗祠堂，绕溪芙蓉百花潭；古井抱斜阳，问

校书门巷，满园筱荡濯锦楼。　——记蓉城胜迹。[①]

　　以上是郭味蕖的诗和三种类型的对联，其诗人气质和文学才华，每每跃然纸上，自然不必作过多的讲解，读者当能心领神会。

　　作为一位画家，郭味蕖更注重诗画的结合。在中国的绘画史上，诗画的结合分为有型的结合和无形的结合。有形的结合又有二种形式：第一种形式，是诗文配合绘画，也就是画家画好画后再题以诗文，以补画之不足，加强或点明画的诗意。自汉唐始，此风不绝，明清之际此风更甚，有些画家发展到逢画必题诗的境地。历代画家留下了浩如烟海的题画诗。郭味蕖自然也不例外。在传统题材的文人画上也常有题诗。如画《松石图》，题"沧桑变幻止须臾，昨日秦王下山去。"画《红茶花》，题："丰年自是欢声沸，万人争看山茶花。今岁青羊宫花会鹤顶茶高二丈，枝干虬曲，花大如碗，灿若蒸霞，为蜀中绝胜。癸卯暮春味蕖。" 画《杏花》，题："独有杏花如唤客，倚墙斜日数枝红。东风飞绵时节，味蕖鹫峰山寺归来率写。"画《红梅》，题"雪里枝头红点点，东风记取岁寒身。离堆园中红梅缤纷，予曾晓月过其下。"画《桃花鳜鱼图》，题："沙边犹畏秦王矢，飞尽桃花不出游。琅琊山下有秦王射鱼处。"画《杜鹃花》，题："我愿杜鹃声里，行遍处处春山。"[②]等都是诗画的完美结合。第二种形式就是绘画取材于文学的一种形式，如晋代顾恺之《洛神赋图》，就是取材于曹植的《洛神赋》，以古人或名人诗意作画，也是一种较普遍的形式。在宋代画院的考试题里也常有出现。如"嫩绿枝头红一点，恼人春色不须多。"[③]郭味蕖也常借古人名

① 　郭味蕖著《郭味蕖艺术文集·家书》，人民美术出版社，2008年3月，第1035—1037页。

② 　郭味蕖著《郭味蕖艺术文集·知鱼堂题画》，人民美术出版社，2008年3月，第1041—1076页。

③ 　葛路著《中国画论史》，北京大学出版社，2009年1月，第95页。

人诗意作画。《红绵墨竹》一画，题诗曰："揽辔越王台上望，鹧鸪声里木棉红。写树人先生句。"《秋葵》一画，题诗曰："野兰秋景晚，疏散两三枝。味蕖写唐人句。"《牡丹图》一画，题诗曰："忻然草木已知春，白头无恙岁又新。参观石田翁诞生五百卅五周年画展归来写此并题其句"等。[①]以古人名人诗意作画是一件很考人的事，考察画家构思立意是否巧妙，对诗意的理解是否正确。品味古人名人诗意是需要懂诗通诗的才智与悟性。

诗画的结合还有一种形式，即无形的结合。画是无声诗，诗是有声画。这种结合开始于唐代的王维，王维满意自己是诗人兼画家的身份。赋诗说："老来懒赋诗，惟有老相随。当世谬词客，前身应画师。不能舍余习，偶被时人知。名字本皆是，此心还不知。"[②]但，对诗画二者的关系，并没有表示什么看法。从理论上宣扬并扩大这种影响的是苏轼，苏轼欣赏王维的诗中有画，画中有诗。所谓诗中有画，是诗的境界鲜明如画；所谓画中有诗，就是说画中有诗那样的意境美。画家作画有诗的意境美，不题诗而画自身有诗的意境，这是诗画结合的最高境界。郭味蕖五六十年代创新的花鸟画作品，都没有题诗，大多用二个字或四个字点题，画面却诗意盎然，意境优美。如《东风》《南岛晨光》《晚风》《绿天》（图3-25）、《丽日》《东方朱霞》《月夕》（图3-26）《午梦》，等等，读其画，如品其诗，意境隽永，回味无穷。

郭味蕖并不仅仅局限于描绘具体事物本身，而是通过一些具体的花卉、植物来描绘大自然的风晴雨露、晨光月影，借以表现整个宇宙富于生机与活力的生命气息。例如《南岛晨光》一画的两株白色的剑兰花，如在清晨的阳光普照下亭亭玉立的两位美少女，那么明洁而优雅。又如

---

① 　郭味蕖著《郭味蕖艺术文集·知鱼堂题画》，人民美术出版社，2008年3月，第1041—1076页。
② 　葛路著《中国画论史》，北京大学出版社，2009年1月，第96页。

《月夕》（图3-26）一画中的月光花，用墨双钩花和叶的轮廓，用石黄平涂画成，叶用花青色分三个色阶平涂画出，显得十分淡雅明静，在水墨竹石的映衬下犹如月光普照，花影婆娑的梦幻感觉。他总能借一花一草营造诗情画意，提升他作品的意境和格调，给我们以诗意之美的享受。

图3-25　绿天 1962年 141cm×105cm　（中央美术学院美术馆藏）
图3-26　月夕 1963年 110cm×92cm　（中央美术学院美术馆藏）

二、书法

在中国传统文化中，书法艺术积淀深厚、内涵宏富，占居非常重要的地位。古之时，凡读书人皆能书，小孩从断文识字始就必须用毛笔书写，书法有着与其他艺术无法比拟的普遍性。特别在"科举取仕"的年代，书法优劣直接关系到仕途命运，读书人无不在临池上苦下功夫。可以说，书法对源远流长的中国传统文化起着承载的作用。随着文人士大夫成为书法主体，文人学者书法与文人画一起，被人们提高到学术层面的高度，书卷气、文人气成了衡量书画作品优劣、高下的重要标准。自古书画同源，中国绘画的画家们强调笔墨功夫，常把学书、练字当作日课而为之。

郭味蕖的书法，是学者、画家的书法，是为撰文、题画服务的。他很少谈及自己书法，更是从不以书家自居，但他1964年却画了一幅很有名的代表作《学书》（图3-27），此画画的是案头放着笔筒、砚台、字帖、线装书，前方画有芭蕉叶和茶壶茶杯，后方画有菖蒲盆景和梅石盆景，可以看出这是一幅带有写生性质的画。所画字帖是打开的页面，内容显然是张迁碑碑额"汉故穀城长荡阴令张君表颂"，画的左上角题"学书"二个篆字，后落"两道晴光穿云，味蕖乘兴。"可见，这是郭味蕖案头之物。也是乘兴而作之画。像所有旧式文人画家一样，郭味蕖自幼上过私塾，后又转入新兴创办的小学，从断文识字起，先生就教毛笔字，必须用毛笔书写。从小就练就了童子功。1935年经过近10年西画学习的郭味蕖意识到中国画的重要性，又开始大量临习古画，同时也意识到书法和绘画是结合在一起的道理。他说："国画须要题款字，我发奋练习书法。"① 据郭怡孮回忆说："郭味蕖是从颜真卿入手，进而临摹二王行书、明人行书；汉魏时期的碑拓、封泥、金石铭文，等等。"郭味蕖的学生詹庚西回忆说："给我印象最深的就是我在学校的时候看到一幅郭先生给王晋元写的字，临的《兰亭序》，我看了觉得就和字帖一样，这是我无论如何也不可能达到的。"② 这是他在国画系教学的事，正值年富力强，精力充沛，学养深厚的时期，仍坚持临习二王书法，可见他从未间断过书法的临习。是其深谙书画同源至理后持之以恒的行为。

研究郭味蕖书法的人很少，仅在"纪念郭味蕖诞辰90周年艺术研讨会"上刘龙庭和梅墨生两个人在发言中题到一些看法。刘龙庭在发言中

---

① 郭怡孮编著《画家·学者郭味蕖纪年》，人民美术出版社，2008年3月，第60页。
② 詹庚西在"郭味蕖诞辰90周年艺术研讨会"上的发言（录音、未发表）。

图3—27　学书　1964年　140cm×106cm

说："我昨天看了《知鱼堂书画录》那个小楷，那都是唐人写经和宣示表的水平"。①刘龙庭毕业于山东艺术专科学校国画系、中央美术学院史论系研究生，对书画有很深的研究，又长期从事美术编辑的工作，见的多，眼力高，理论好，其评价有一定的说服和权威性。梅墨生反复认真地看了郭味蕖的展览后分析说："从郭先生的书法上可以看出有晋人的影子……小楷里明人的东西不少，比如说文徵明、王宠和祝允明，明代这几位书家都精于小楷，受他们的影响比较多。"又说："小楷写得那么清雅，写得那么具有书卷气，那么具有文气，那么恬静。这实在是令许多同时代的艺术家逊色。即便是比他稍长一辈的一流的大艺术家来比也毫不逊色。从郭先生的书法上可以看出有晋人的影子，锺繇也好王献之也好，看来这样的功底很深……先生的书法是书卷气而非金石气，

① 刘龙庭在"郭味蕖诞辰90周年艺术研讨会"上的发言（录音、未发表）。

至少不是以金石气为主，是文气而不是霸气。是静气而不是躁动气。假如我们承认有一种分类的话，他的书法是学者型的书法，而不是画家型的书法。"①梅墨生是当代的书法家、画家、又是书法理论家，在对郭味蕖没有更多了解的情况下，从展出的作品入手，分析得比较到位，有自己的见地和学术高度。

梅墨生认为郭味蕖的书法是"学者型的书法，而不是画家型的书法"，无疑是对郭味蕖的书法颇具书卷气和文人气的褒扬。不过，郭味蕖确是一位成绩斐然的创新型的大画家，他题画的书法与画甚谐，可根据画的风格和画面需要用不同书体题画。如其工笔用隶书、楷书题画；没骨风格的画则带有晋人风味的行楷题写；半工半写的新型花鸟画是用端庄遒劲的行书题跋；水墨大写意则又用浑厚苍润的行草题记；也有偶以篆书题画者均与所题之画相得益彰。我认为郭味蕖的书法是为其著书、题画服务的，既是学者的书法又是画家的书法。

纵观郭味蕖的撰文、对联、卷轴以及各个时期的题画笔迹，其篆、隶、真、行、草、缪，各体皆备，用得最多的是行书和小楷，用得最少的是篆隶。郭味蕖的小楷、小行楷主要见于他撰写的文稿之中，除《知鱼堂书画录》以外，还有《疏园集》《写意花鸟画创作十六讲》《知鱼堂鉴古录》《殷周青铜器释名考略》等，风格儒雅端庄，既有唐人的法度，又有明人的潇洒。写得轻松自如而又有学者的书卷之气。郭味蕖的行书主要用于题画，早年题画的书法偏楷，有颜真卿的笔意，又有晋人的风致。50年代郭味蕖的行书已经很老到，臻于完美，字形变圆方为稍长，用笔内撅，有欧阳询《九成宫》的韵致和明人行书的气息，刘曦林在谈论郭味蕖的题款时说：

---

① 梅墨生在"郭味蕖诞辰90周年艺术研讨会"上的发言（录音、未发表）。

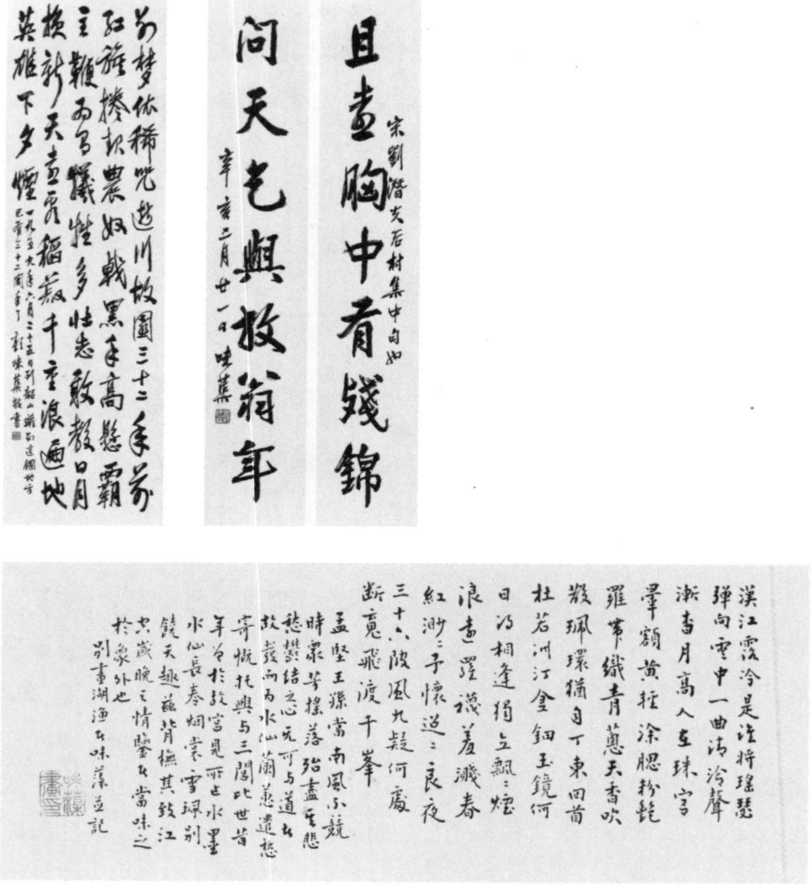

图3-28　郭味蕖的书法墨迹

这位主张以书法入画的艺术家，直到晚年也一直以写对联的方式练字。其书法，以行书见长，书风一如其人其画，以气运笔，静雅流畅精到。其题画多以行书，偶以篆书作题，与画风甚谐。①

———————————————

① 刘曦林著《郭味蕖传》，山东美术出版社，1998年9月，第192页。

书联是郭味蕖书法常用的形式，以行草笔法，直抒胸臆。特别是疏散回潍坊故里后书写很多对联，其书体除他熟悉的行楷、行草、石鼓文之外，还有一种隶书掺入篆书笔意，别具一格，自有风味。老年郭味蕖的书联用笔老辣，苍劲。如《别梦依稀》屏、《且喜问天》联、《小行楷题水仙》画跋（图3-28）。

三、绘画

郭味蕖在诗、书、画、印四个方面下了很大的功夫，传统功力深厚，称得上是"四全"画家，或"四通"画家。画家的"四通"或"四全"的关隘处还是画，郭味蕖的诗、书、印都是为其画服务的，其在花鸟画创作上的突破，为其在20世纪美术史奠定了历史地位。不过，其诗、书、印与画相当和谐，交相辉映，相得益彰。郭味蕖在绘画上的创造性突破，有待下一章作详细的讨论，在此，仅想就郭味蕖在不同时期的绘画特点作一下梳理，以便更好地理解郭味蕖绘画创作的心路历程。

1917年十岁至1925年十八岁，是中国传统绘画的启蒙和学习时期。1918年跟随丁启喆（东斋）先生学画，学习中国画的基本技法，山水、花鸟、人物都学。1921年，参加了"潍县同志画社"，参加画社活动交流画艺，研究学问。1923年，痴迷于在大院各屋中翻检家中旧藏。1925年上中学后，郭味蕖多选择在家自学，极大地扩展了他的知识面，他不只是限于学校的课本知识，而是利用家藏典籍字画，夫人府邸的藏书与金石书画真迹，通过自学的方式，较早地进入了研究性的学习。在金石书画诗文等多方面打下了坚实的基础。

1926年十九岁至1935年二十八岁，是学习西画，追求新思想的时期。1926年十九岁，在新文化的启迪下，郭味蕖在潍县参加了上海美专函授部的学习，学习素描、水彩和油画。1928年二十一岁，上海美专函授学习三期结业。1929年二十二岁，考入上海艺专西洋画科，继续学习设计、水彩和油画。1931年二十四岁，上海艺术专科学校第三届毕业。毕业后至1935年二十八岁，作大量油画，有风景、静物、人物、人体等，特别在风景油画写生上下了很大的功夫。画风受业师陈抱一、倪贻德的影响，均颇似塞尚等后印象派风格。

1936年，二十九岁至1950年四十三岁，是复归中国画传统的学习和创作时期。1935年，除了画些油画静物、人像和水彩画、粉画以外，为了今后在教学上的需要，又孜孜于中国画的临摹。1936年为苦练墨竹墨兰技法，曾一次购进四尺整张旧拓片薄棉纸二十刀（二千张），一连数月静心于画室中潜心研究兰竹笔墨技法，仅仅几个月就将这二十刀纸全部画光。陈寿荣《忆郭味蕖》一文回忆道：

> 当时走进他的画室"知鱼堂"，只见满壁都是墨笔兰竹，如入竹林兰谷，有潇湘微雨、氤氲飘香之感。后来只见他乘兴一挥，就是一大片活生生的竹子，殊不知这一收获乃是从多年深耕细作中来的。①

1937年2月考取故宫博物院古物陈列所主办的国画研究室，他自谓是"开始了踏实地专心地临古、学习传统的时期。"②自此至1950年所作之画大多为梅、兰、竹、菊、芭蕉、花卉、菜蔬、山水等文人画题材，大多是水墨写意。如《蕉石图》《五清图》《介寿》《三友图》等。也有师从恽南田、赵撝叔、张子祥、任伯年等人的写意没骨花卉一路的画，如《丽春花》（图3-29）、《菜根香》《海棠》（图3-30）等。画面构图

---

① 郭怡孮编著《画家·学者郭味蕖纪年》，人民美术出版社，2008年3月，第61页。
② 郭怡孮编著《画家·学者郭味蕖纪年》，人民美术出版社，2008年3月，第63页。

图3—29 丽春花

图3—30 海棠

别致，用色雅丽。

　　1951年四十四岁至1960年五十三岁，是郭味蕖新花鸟画的研究和探索时期。1951年9月郭味蕖从潍坊到中央美术学院研究部工作。郭味蕖一边从事学术研究，一边开始大量的山水写生和花卉写生，进行花鸟画的创作和新花鸟画的探索，勤奋作画。如画泰山之阳的山丹花。这一时期其花鸟画创作有二种形式，一种以墨竹、梅兰、芭蕉、荷花等水墨为主的文人画题材，有"明四家"白阳、青藤等人的韵致。　如《雪蕉图》《清风摇翠》《秋声》《大雨连朝》《雷蛰龙孙》《古木双鸠》（图3—31）等；一种则是花鸟画探索的新形式，有工笔与写意结合的尝试。如《什样锦》《萱

图3—31　古木双鸠　1960年　138cm×102cm

花》《素女青娥队队来》《飞絮落花时节》。有重彩和水墨结合的尝试。如《天竺》《美人蕉》《浅春》等，工写结合的画，基本上还停留在工是工，写是写的状态，结合得还不够统一和自然。彩墨结合，其实也有工写结合的成分，花卉用的是方直线帅钩，填以石青、石绿、石黄等重彩颜色，色墨和造型都结合比较自然，为其日后花鸟画的创新奠定了基础。1960年，北京图书馆馆长，学者张铁弦（鲁白）非常欣赏郭味蕖的画并赋诗书以赠："腕底飞花意兴浓，勾稽绘史辨殊同；画师晚近饶奇趣，吴齐徐黄一代风。"①

　　1960年五十三岁至1966年五十九岁，这是郭味蕖人生的黄金时段，也是郭味蕖新花鸟画创作的高峰时段，他像一段被久压而又强劲的弹簧，压力越大，弹得也就越高。郭味蕖自从1950年调入中央美术学院到1960年从徐悲鸿纪念馆调到国画系之前，他从事的是史论的研究工作和徐悲鸿纪念馆的筹建工作。对于郭味蕖这样一位有着小学、中学、师范等教学经验的人来说，教授学生才是他的本行，有更多的时间从事绘画创作才是他的理想。郭味蕖调到国画系任讲师，心情振奋，全身心投入到美院国画教学及美术理论的探索研究中，积极开展中国花鸟画的教学实践和创作实践，他力图打破传统花鸟画技法之间的界线，通过技法重组，走出了一条全新的花鸟画创作之路，创作了大量新型的花鸟画作品，其中大部分作品都成了郭味蕖的代表作，如《芭蕉》《南岛晨光》《绿天》《丽日》《东风朱霞》（图3-32）、《午梦》《被泽之陂》《秋熟》等。从而确立了郭味蕖在二十世纪美术史的地位。李桦有诗云："百花齐放绘百花，如今花卉数郭家；胜似徐黄创新体，东海故里人人夸。"②

　　1969年，六十二岁至1971年六十四岁，是郭味蕖再度回归传统文

① 郭怡孮编著《画家·学者郭味蕖纪年》，人民美术出版社，2008年3月，第161页。
② 郭怡孮编著《画家·学者郭味蕖纪年》，人民美术出版社，2008年3月，第276页。

图3-32　东风朱霞　1962年　186cm×112cm

图3-33　卧雪　1971年　68cm×45cm

图3-34　松石图　1971年　64cm×37cm

人画时期。1969年12月29日以"战备疏散"为由，郭味蕖被遣返潍坊故里。如果说1936年郭味蕖复归传统文人画是为了寻找自己的希望，寻找民族的自信心；而这次再度回归传统文人画则是出于无奈，是为了排遣自己心中的郁闷，或是对人生的感怀。这一时期的画纯以水墨为之，所画则是竹、石、梅、兰、蕉、松、荷等君子、高士题材。如《卧雪》（3-33）画墨竹于雪域之中，是君子遇霜侵雪打的自我比况。《风雨不能摇》，画竹石于风雨中，以表示自己的坚定信念和坚强的决心。又如《松石图》（3-34），画山石古松，题曰："沧桑变幻止须臾，昨日秦王下山去，味蕖怅然有感"。[①]是对人生冷暖、世太炎凉的感怀。这些作品用笔老辣肆纵、遒劲有力，水墨淋漓。正如其画《兰竹》时题曰："请看笔墨淋漓出，不数青藤与白阳。"

---

① 郭怡孮、邵昌弟主编《纪念郭味蕖诞辰100周年绘画艺术精选·百年郭味蕖》，人民美术出版社，2008年3月，第177页。

四、印章

在中国绘画史上，随着诗书画"三绝"之后，画家使用于绘画作品的印章的加入，从引首章到压角章，从名章到闲章，从大小形状到朱文白文，逐渐成为画面构图的重要构成元素。更加丰富了中国画的艺术内容和表现形式，拓展了中国画的视觉空间。诗书画印"三绝""四全"是中国民族绘画在近现代的独特发展。中国画发展的这种内在要求对郭味蕖的影响是深远的，而其所处的环境和学习篆刻的条件也是得天独厚的。之所以说得天独厚，有二个方面的理由：一方面是郭味蕖承续了潍坊郭陈二家的文脉。郭家世代喜诗文书画篆刻，家传收藏甚富，所藏如郑板桥、高南阜、金冬心、赵㧑叔、吴昌硕等画家的作品都是"四全"的大家的作品，给郭味蕖提供了学习的范本。另外，郭味蕖与陈君绮结婚后，得以尽观陈介祺的"十钟山房"和"万印楼"的收藏。另一方面，郭味蕖所交游的师友中不少是诗、书、画、印"四全"大师或大家。如齐白石、黄宾虹、潘天寿、钱瘦铁等都精于篆刻，或耳濡目染、或切磋共研，对郭味蕖篆刻艺术的影响和帮助也是很重要的。

郭味蕖见多识广，眼界很高，他自己也曾于篆刻下过苦功。1938年初日军占领潍城，郭味蕖深居简出，一心问学，将精力完全投入到中国传统绘画研究上，读书、习字、刻印、鉴赏古书画、研究金石，同内兄陈君藻、画友于希宁、陈春甫、王端（清代著名治印家王西泉之孙）等切磋治印。于是年为族叔祖书法篆刻家郭谷石治"宝墨精舍"印（图3-35），受到叔祖郭谷石的称赞：

> 味蕖侄孙，精缋事，工力涵养，艺林称之。其治印盖自今春始，一入手便不屑蹈小家气，相见落墨之际，煞费经营，奏刀骋

然，意兴洒脱，泛乎天机，清妙者迥异恒蹊也。顷为予刻"宝墨精舍"印，气均古厄，欣赏之余，为题数语。①

"宝墨精舍"是一方汉代风格的白文印，印面布局精巧，线条流畅，古雅精致。郭味蕖"潍县同志画会"的画友陈寿荣（春甫）也撰文回忆说：

> 他的篆刻，颇得秦汉满白文之神，开阔舒畅，古雅大方之处，不逊前人。②

综观已发表的郭味蕖自治印选，大致有三种风格的印章。一是春秋战国风格的印玺，如"小庐父"（图3-35）、"山泽野民""未蓬之钵""虢叔之后""味蓬"等；二是汉代风格的白文印，如"味蕖私印""君藻之印"（图3-35）、"郭雅临印""味蕖""郭氏味蕖""北海郡郭味蕖书画印""宝赵撝叔书画之斋"等；三是细朱文印，"蓬翁"（图3-35）、"味蓬"等，郭味蕖不仅治印谨严，用印讲究，也是鉴赏印章、收藏印章、品评印章的行家里手。在评论其内兄君藻治印时说：

> 君藻内兄精大篆，于古印寝馈尤深，捉刀列篆、直窥汉秦模径。年来息机燕蓟，久不为人作印，固强之，辄曰："治印亦同书画，非精神清盈时不能趣逸尘外也。"余唯唯。丁丑夏归里，得朝

① 郭谷石《论味蕖治印》载郭怡孮编著《画家·学者郭味蕖纪年》，人民美术出版社，2008年3月，第70页。
② 陈春甫《论味蕖治印》载郭怡孮编著《画家·学者郭味蕖纪年》，人民美术出版社，2008年3月，第71页。

图3—35　郭味蕖篆刻代表作品

夕过从，复请之，欣然诺。越年四月始成，计时经岁。其劲挺外，铁画银钩，直如公孙大娘之舞剑器。使西泉尚在，亦当掀髯首肯衣钵有继也。蔗庐得此，真厚幸己。戊寅四月既望灯下展玩题记。[1]

第四节　教学相通

郭味蕖志于学，几十年如一日，手不释卷，笔不离手。所作学术研究极为广泛，郭味蕖是一位学者，是一位画家，也是一位师者。作为师者，郭味蕖深知教与学的关系，《尸子卷上·劝学》曰："夫学，身之砺砥也。学不倦，所以治己也；教不厌，所以治人也。"[2]说的是学习是磨砺自身学识品德的磨刀石。学习不懈怠，是为了修炼自己；教授不惑

① 郭味蕖"《论君藻治印》载郭怡孮编著《画家·学者郭味蕖纪年》，人民美术出版社，2008年3月，第71页。
② 欧阳若修主编《诸子百家名言大观》，广西人民出版社，1992年11月，第233—234页。

到麻烦，是为了培养人才。这是"教学"的关系，此中之学用于"教学相长"时，指的是学生之学，而用于"教学相通"时指的则是为师之学了。一个"学"字的两个方面，先有为师之学，后有学生之学。

内容包含中国美术史、西洋美术史、金石考古、书画鉴赏收藏、历代画家研究，民间年画、版画研究，中国建筑与雕刻、花鸟画史，山水画、花鸟画乃至于西洋绘画创作以及文学、诗词、书法、篆刻等诸多方面，为其在中国花鸟画的教学作了丰富的知识储备和打下了熟练的技法基础。郭味蕖一生热爱教学，所到学校也受到学生们的欢迎和爱戴。

1932年7月至1933年冬郭味蕖任山东省立济南乡村师范美术教师。期间，该校有一些进步的学生是中共党员，和郭味蕖保持着较多的联系，建立了深厚的友谊。如后来任潍坊特别市第一任市长，后任文化部副部长的姚仲明，当时就是郭味蕖的学生。郭味蕖在上海学习期间，接受了进步思想，在政治观点、教学思想、教学方法上都受进步同学的欢迎。姚仲明回忆说："当时的学校地下党支部还专门研究过郭味蕖先生为什么这样受到学生们的欢迎。郭味蕖对进步学生都给予关心和支持。"①

1938年至1941年，郭味蕖任潍县县立中学教员，当时，日军占领潍县，为了加强中华的民族意识，郭味蕖在中学的基础美术教学中试图建立一个系统的中国画教学体系。陈春甫撰文回忆到："（郭味蕖）对中国画教学有很大的改革，……创造性地提出教学生用生宣纸作画，按年级的高低分别以白描、勾勒填色、工写结合教学，并辅以诗文题跋，结合理论，这样一改，教学效果立竿见影，学生大多做到行笔开阔，笔法生动，题跋书画自然。"②

1942年至1944年任山东省立潍县师范教师。1944年兼任潍县新华中

---

① 郭怡孮编著《画家·学者郭味蕖纪年》，人民美术出版社，2008年3月，第54—55页。

② 郭怡孮编著《画家·学者郭味蕖纪年》，人民美术出版社，2008年3月，第73页。

学国文教员。

1945年至1948年，任省立潍县中学教员，兼任励新小学校长（后改为潍坊市第一小学）后。自编《知鱼堂画范》。当时是用石印印刷。自己买了药纸、药墨、一幅幅画成，用印刷机器印成，为教学用范图。画集是由陈春甫先生签题，共计36幅。1948年春三月潍县解放，励新小学合并于潍坊市立第一小学，郭味蕖带头将校产校田全部交政府。

1949年至1951年郭味蕖任潍坊市新青中学教员。

1951年9月郭味蕖从潍坊市新青中学调入中央美术学院任美院研究部干事，兼任中央美术学院夜校教师，教授职工文化课。因郭味蕖来校前，曾任中学语文教员，中央美术学院因此特聘任郭味蕖授课。他讲课深入浅出，受到学员的好评，许多美院的老职工都是郭味蕖的学生。1954年担任中央美院留学生教学工作，为留学生作山水、花卉临摹稿数十幅。1955年任波兰文化部派来的研究生苏贝慈的指导教师，除讲课外又带去故宫博物院、中国历史博物馆听唐兰、沈从文等讲铜器、铜镜、织绣的课程。同年三月初，带领波兰留学生苏贝慈去大同云冈考察石窟寺艺术，历时一月。郭味蕖在《佛都云冈》一文中写到：

> 在印度阿旃陀石窟1500年纪念的今日，我们到文化古都山西大同去巡礼，去探索研究云冈石窟伟大雕塑艺术遗迹的造型风格，沿变关系和历史背景是极有意义的。……我这一次去大同云冈，主要是去完成一个国际任务。我是陪同波兰留学生苏贝慈去的，苏贝慈是波兰文化部派来我国首都中央美术学院研究中国民族艺术的研究生。我们这次到大同云冈去，也正是她在结束了故宫博物院和历史博物馆的实习以后的又一重要学习任务。①

---

① 郭怡孮、郭绵孮主编《郭味蕖艺术文集》，人民美术出版社，2008年3月，第203—204页。

这是一篇一万一千五百多字的学术论文，又是一篇大同云冈石窟的考察报告，同时，也是一部专题研究的教案。对大同云冈石窟各洞的考察非常详尽，对石窟的规模体制、造型风格、演变关系、历史背景和文化内容都作了认真的研究和详细的论述。

1960年10月郭味蕖从徐悲鸿纪念馆调到中央美术学院国画系任讲师。1961年，教育部在北京召开全国高等院校文科教材会议，潘天寿在会上提出："中国画人物、山水、花鸟三科应该分科的意见。"[①]并在理论上给予科学论证，会议讨论并批准了这一提议，美术学院分科教学才得以正式确立和逐渐推行。1961年郭味蕖担任中央美术学院国画系花鸟科主任。在《叶浅予回忆录》中叶浅予系主任记写了当时任命的背景：

> 1961年，国画分科，山水、人物、花鸟画科分别由几个作品风格突出的著名画家任教。第一届分科是由国画系三年级，三年级的学生共19人，这个班六三年毕业，当时山水班分得7人，由宗其香、李可染两人任教，宗其香任科主任；人物科分8人由蒋兆和、叶浅予任教，蒋兆和任科主任（第二年由李斛任科主任）；花鸟4人，由李苦禅、田世光、郭味蕖任教，郭味蕖任科主任。科主任也负责1、2、3年级学生的教学，这些学生主要由陶一清、梁树年、黄均、肖淑芳、刘勃舒、黄润华等画家分别负责学生的基础教学。[②]

郭味蕖调回国画系任教，他"认为自己归了队"，"心情很舒畅"，[③]精神振奋，身上有使不完的劲。全身心地投入到美院国画教学

---

① 张鉴、成佩著《论郭味蕖的花鸟画创作教学体系》，《美术研究》第3期，2008年9月，第6页。
② 郭怡孮编著《画家·学者郭味蕖纪年》，人民美术出版社，2008年3月，第169页。
③ 郭怡孮编著《画家·学者郭味蕖纪年》，人民美术出版社，2008年3月，第161页。

图3-36　1961年与中央美术学院师生黄铸夫、黄均、王定理、金鸿钧、范曾、李西源、马璜、边宝华等摄于敦煌

及美术理论的探索研究中。一边投身教学，除了给花鸟专业的学生上课外，还为人物、山水、美术史的同学讲过课；一边抓紧一切时间从事花鸟画的革新创作。他上课时既讲美术史知识，又讲绘画理论；既讲绘画技法技巧，又作画示范讲解，有问必答，谆谆善诱，深受同学的欢迎和爱戴。1961年夏，与中国画系黄铸夫、黄均、王定理，青年教师姚有多和四年级学生赴敦煌实习（图3-36）。范曾此时作为一名学生参加了这次的敦煌艺术考察，有不少关于郭味蕖的真切记述：

　　　　郭味蕖先生调中央美院，正教我班写意花鸟。他称赞我下笔颇有功力，名师的一句勖勉，直使感激至今。……他的速写，三维精审，远近了然，而用笔如锥画沙，虽铅笔线条亦如曲铁钩银。偶用毛笔速写，则淋漓酣畅，熟中见生。每天晚上，大家都聚在郭味蕖先生的小室中，看他一天所写数十幅画，精力弥满，令人叹服。郭味蕖先生有教无类，一一讲评，鼓励多于批评。而其所指缺点，一针见血，对我们青年的震撼力，在于郭先生讲话言简意赅，一句废话没有，不犹豫，不敷衍，君子之风，于此益见。①

1961年以后，为了配合花鸟画的创作与教学，郭味蕖他写了许多关于《花鸟画的推陈出新》（1962）、《我对中国花鸟画创作的体会》（1961）、《花鸟画的学习和创作》（1962）、《临摹、写生、创作》（1962）、《构图的几点规律》（1961）、《关于写意花卉的创作》（1964）等方面的文章。曹庆晖撰文《析"三位一体"与中央美院第一代中国画教学集体》中说："叶浅予一直都是系主任……李可染1958年底被任命为教研室主任。60年代中国画系实行分科教学后，蒋兆和曾任人物画科主任，郭味蕖曾任花鸟画科主任。这都表明，叶、蒋、李、郭属于中央美院中国画教学展开依靠的学术主力。……和叶、蒋、李的教龄比起来，1960年为加强师资队伍才调入的郭味蕖算是中国画系的一位新同志，然而正是郭味蕖——一位在史、论、法的研究上比较自觉、较早认识到花鸟画的推陈出新是一次本质革命的画家——在花鸟画教学的科学化做了大量工作，其要者即编写花鸟画教学大纲。"②

郭味蕖在教学大纲中也秉承中央美术学院中国画系于1959年在教学大纲中明确提出了影响至今的体系性的"三位一体"的教学结构。何谓"三位一体"？从方法而言，它是写生、临摹、创作的三位一体，从原则而言，它是生活、传统、创作的三位一体。但，郭味蕖的可贵之处主要在于将原则予以专业化的努力。于1962年草创教学提纲，1963年主持

---

① 郭怡孮编著《画家·学者郭味蕖纪年》，人民美术出版社，2008年3月，第171页。
② 曹庆晖著《析"三位一体"与中央美术学院第一代中国画教学集体》，《美术研究》第3期，2010年8月，第63—65页。

制定了《花鸟画教学大纲》，形成了一套完整的花鸟画教学创作体系，使花鸟画课的教学有据可依，进入了系统的循序渐进的教学秩序中，而其撰写的《写意花鸟画创作技法十六讲》，是其被疏散回潍坊故里时，在没有一本参考书目的情况下，凭借多年教学的经验，以教学讲义的形式系统而深入总结自己在花鸟画学习、创作和教学的理论心得和经验总结，也是他对60年代花鸟画教学大纲的进一步深入。谈到临摹时，他说：

> 临摹是学习古代绘画遗产的重要方法，也是具体继承前人表现技法的一个主要过程。
>
> 一般说来，一个花鸟画家的成长，要经过从临摹到写生、创作的过程。临摹是基础课，很重要。
>
> 通过临摹，可以学习古人如何从自然中选择题材，处理体裁，表达思想，概括物象，经营构图和运用笔墨，并可帮助我们进一步了解作者的时代背景、思想要求和创作方法。
>
> 临摹分拓临，对临和背临。写意花鸟画不可拓临，对临也不是看一眼临一笔，而是先要进行长时间的观察、分析、比较，有了较深体会的时候再动笔去临。临摹只是一种手段，不能成为目的。[①]

谈到写生时，他说：

> 写生是认识生活、搜集创作素材的主要方法，又是锻炼造型能力和写实技巧的主要手段。
>
> 写生、速写、默写三者的作用有分工，三者的目的也不同。写生是精微记录，速写是动势姿态的记录，默写既是临摹和写生的辅

---

① 郭怡孮、郭绵孮主编《郭味蕖艺术文集》，人民美术出版社，2008年3月，第908—909页。

助手段，又是中国画创作的重要方法。要通过观察、分析、记忆、写生、速写、默写等不同方法熟悉生活，把握繁复的花鸟画形象和多变的花鸟动态。做到闭目如在眼前，下笔如在腕底。没有认识的深度就没有表达生活的内在精神和清楚地表达自己感受的深度。①

他在贯彻高等美术学院中国画专业教学方案，对写生、速写、默写的原则要求时，从花鸟画具体对象的写生出发，提出：

要写记、默记，不厌其微、不厌其繁，一次精写，二次率写，三次变写，提高其艺术性中犹注意其写实性，到具体创作时，自能得心应手。②

谈到创作时，他说：

进行写意花鸟画的创作，首要的是培养创作基础。这个基础包括思想、理论、生活、技法以及广泛的文化修养。……

当具备了思想、生活、笔墨、技法、修养等各种条件之后，即可进行创作。通过反复的创作实践，又可促使这些条件不断成熟。

我们要创作出新时代的花鸟画，使自己的作品思想新、意境新、技法新、情调美，不但要在取材内容上反映现实，富有思想性，而且在表现形式上，在构图、赋彩、笔墨技法方面，也要具有创新精神。③

---

① 郭怡孮、郭绵孮主编《郭味蕖艺术文集》，人民美术出版社，2008年3月，第913页。
② 郭怡孮编著《画家·学者郭味蕖纪年》，人民美术出版社，2008年3月，第190页。
③ 郭怡孮、郭绵孮主编《郭味蕖艺术文集》，人民美术出版社，2008年3月，第913页。

这是郭味蕖在秉承和贯彻"三位一体"教学原则中的具体要求和努力。特别在花鸟画推陈出新的教学设计方面提出了一整套的思路。如：一、确立讲解、示范和观摩总结的课堂教学方法。二、注重对学生整体文化素养的培养。三、把专业实习课纳入花鸟画教学并使之在教学中制度化。四、主张以传统技法作为花鸟画科写生和造型的基础。这些方面努力的成果，从而使郭味蕖和叶浅予、蒋兆和、李可染一样——"不仅从教育角度深入建构着他们的艺术人生使他们超越一般美术教师成为美术教育家，而且构成了中央美院中国画教学的基础，至今还在发生着影响。"[1]所以潘公凯先生在《百年足迹讲话》中说："郭味蕖先生是中央美院中国画系花鸟画科的创建人，对花鸟画教学体系的形成作出了重大贡献。"[2]

郭味蕖的一生中，从1932年起至1966年间，30多年的时间里做过小学、中学、师范、大学的教学工作，学生可谓桃李满天下，特别是在中央美院教学的几年中，培养了一大批学有成就的学生，他热爱勤奋而有才华的学生，把他们视为花鸟画的希望。如尚涛、金鸿钧、詹庚西、王超、韩文来、龚继先、王晋元、庄寿红、萧金钟、孙鸣村、李魁正、裴缉木、彭培泉、邓林、李燕、张铭淑以及人物山水专业的如范曾等学生也从郭味蕖兼学山水花鸟，受益良多。同时，还给北京艺术学校花鸟专业的学生讲课，邵昌弟、许继庄、姜守垣、郭怡琮等都是他北京艺术学校的学生。如今他们已成为中国花鸟画发展创新的栋梁之材。当然，受到郭味蕖影响的还有他的四个儿子，郭绵琮、郭怡琮、郭莫琮、郭玫琮也相继投身于花鸟画的事业。特别是"文革"结束后，郭味蕖三子郭怡

---

① 曹庆晖著《析"三位一体"与中央美术学院第一代中国画教学集体》，《美术研究》第3期，2010年8月，第63页。

② 郭怡琮编著《画家·学者郭味蕖纪年》，人民美术出版社，2008年3月，第317页。

琮，继续其父亲未尽的事业，提倡"大花鸟"精神，主张主题性创作，探索"技法重组"的花鸟画革新之路，开创了"重彩写意"新画风。如今，郭怡琮培养和造就了一大批花鸟画人才，影响了一个时代。

第四章 "通人"郭味蕖的创造

郭味蕖在《花鸟画的学习与创作》一文中说："只有在继承的基础上，才可能有发扬创造。这是规律，永远是这样的，将来也必然有人继承我们，又有创造。"可见，一部深有见地的中国绘画史，是一个层层累积型的动态过程，所以，一切有价值的创造都是传统的延承，都是对传统的再创造。所谓创造，就是发明或制成前所未有的事物。所谓艺术创造，以狭义而言创造了艺术作品，从广义而言则创造了一个新的高尚的精神天地。宗白华先生说："艺术创造的过程，是拿一件物质的对象，使它理想化、美化。艺术创造的手续，是悬一个具体的优美的理想，然后把物质的材料照着这个理想创造去。艺术创造的作用，是使他的对象协和、整饬、优美、一致。总之，艺术创造的目的是一个优美高尚的艺术品，我们人生的目的是一个优美高尚的艺术品似的人生。"①据此，我们知道艺术创造是沿着高尚优美的理想而进行的劳作。既是思想的过程，也是劳动的过程。花鸟画的创作，就是花鸟画的推陈出新，推陈出新既是思想内容的推陈出新，又是表现方法、笔墨技巧的推陈出新。所以，郭味蕖说："花鸟画的推陈出新，从主题内容到表现方法、笔墨技巧，都要做统一的新的处理。只有在继承的基础上，面对生活现实去钻研，去用功夫，自然能走出新的路线。只有作者思想感情之新，才能带动笔墨技法之新，才能创造出不同于古人的具有今天时代气息的

---

① 宗白华著《美学与意境》，江苏文艺出版社，2008年7月，第24—25页。

创作。"①以"思想感情之新",带动"笔墨技法之新",这是郭味蕖的艺术创造观,也是他的人生观。

第一节　思想更新

在中国绘画的历史长河中,花鸟画家们大都期望能自自然然地生息,自由自在地创造,画我所见,发我所思,托物寄情。都有"天人合一"的自然观,鲜活的生命意识。相对于人物画和山水画而言,花鸟画侧重于以个别的、局部的、微观的自然形象表现人与自然的关系。表面上看,它与政治社会离得挺远,甚至并不需要依赖政治而生存。然而艺术并不生存于真空里,它时时受到大文化背景的影响,无论是政治的变革,以及相应的意识形态的革命,或是一个重大的历史事件对艺术的影响和促动都是不可小视的。郭味蕖生逢20世纪初至20世纪中叶——这个历史上动荡不安、风云变幻的时代。但他并不消极地适应这个时代,而是积极主动地融入这个时代。郭味蕖说:"如何能出点新意呢?我想,主要是人的思想感情,首先自己的思想要跟上时代。"②

一、"美术革命"和五四新文化的影响

1908年,郭味蕖出生于潍县一个官宦世家。1911年,辛亥革命爆发,1912年,中华民国成立,清王朝退位。持续两千余年的封建王朝分崩离析。而崭新的社会型态和安定的社会秩序又未能马上确立,社会动荡不安,矛盾冲突不断,思想恐慌不宁。落后挨打的中国与强大侵略的

① 郭怡孮、郭绵孮主编《郭味蕖艺术文集》,人民美术出版社,2008年3月,第896页。
② 郭怡孮、郭绵孮主编《郭味蕖艺术文集》,人民美术出版社,2008年3月,第907页。

西方列强的尖锐的民族冲突又引起先进的中国知识分子对东西方文明的深刻反思，紧随着声势浩大的社会革命而来的是轰轰烈烈的文化革命。一场"美术革命"和五四新文化运动蓬勃欣起。

1917年8月主张新旧思想"兼容并包"的蔡元培在《新青年》发表《以美育代宗教说》一文说："鉴激刺感情之弊，而专尚陶养感情之术，则莫如舍宗教而易以纯粹之美育。"①蔡元培以美育代宗教说强调了艺术的美育功能。

1917年，戊戌维新变法的代表人物康有为在《康有为墨迹选》（二）中发表了《万木草堂藏画目》一文说："中国画学至国朝而衰敝极矣。……如仍守旧不变，则中国画学应遂灭绝。国人岂无英绝之士应运而兴，合中西而为画学新纪元者，其在今乎？吾斯望之。"②康有为此番感慨之词确实也符合当时的实际，表面上看，封建王朝的覆灭和许多画家没有多少关系。然而，赖封建体制，以"科举入仕"的士阶层的命运却发生了转换，文人画从根本上失去了它赖以生存的文化大背景，而成为不可逆转的历史。而画家们仍然没有意识到问题的严重性，因袭循旧之风仍然弥漫着世纪之初的画坛。山水画仍以摹写四王、二石的隐逸格调为能事而渐趋衰落；人物画却是因脱离贴近人生，一味表现高士仙人而已渐失生气；花鸟画则以四君子画等题材率意墨戏陈陈相因而发生颓废。从而使力图以西学改造中国社会的改良派和革命派不满。以至康有为发出如仍"守旧"中国画学就有"灭绝"的危险的警示，和"合中西而为画学新纪元"的设想和期望。康有为中国画"灭绝"的危险的警示，在当时的中国画坛，无疑是当头"棒喝"；而其"合中西而为画学新纪元"的设想和期望，在整个二十世纪乃至今天来看，也是一个不争

---

① 邵琦、孙海燕编《二十世纪中国画讨论集》，上海书画出版社，2008年7月，第9页。

② 邵琦、孙海燕编《二十世纪中国画讨论集》，上海书画出版社，2008年7月，第13页。

的事实。

1919年1月15日《新青年》第六卷第一号发表了吕澂致陈独秀的通迅《美术革命》一文说："呜呼！我国美术之弊，盖莫甚于今日，诚不可不极加革命也！"[1]

1919年1月15日《新青年》第六卷第一号发表了陈独秀致吕澂的通迅《美术革命——答吕澂》一文说：

"若想把中国画改良，首先要革王画的命。因为要改良中国画，断不能不采用洋画的写实精神。画家也必须用写实主义，才能够发挥自己的天才，画自己的画，不落古人的窠臼。自从学士派鄙薄院画，专重写意，不尚肖物。……"[2]

陈独秀明确提出"革王画的命"，指出文人画"不尚肖物"的弊病。改良中国画必须采用西方的"写实主义"。当时，持这种观念以求中国画改良的人，即对"不尚肖物"的文人画持基本否定态度而只求以西方科学写实精神拯救中国画坛的人是很多的，在世纪初美术界的先进人物占了相当的比重，如蔡元培、徐悲鸿、林风眠、刘海粟，等等。

1918年5月《北京大学日刊》发表徐悲鸿著《中国画改良方法》一文说："吾今特以下列各例，充吾论之主脑。古法之佳者守之，垂绝者继之，不佳者改之，未足者增之，西方画之可采入者融之。"[3]这种"中西融合"的思想一直影响了整个二十世纪中国画的探索之路。

而从思想角度批判因袭守旧的画风而主张艺术变革，是当时美术革命的又一主要的方面。从艺术与时代的关系，从艺术与现代思想、观念与情感的关系的探讨，则更为本质的角度阐明了美术革命的必要性与紧

---

① 邵琦、孙海燕编《二十世纪中国画讨论集》，上海书画出版社，2008年7月，第15页。

② 邵琦、孙海燕编《二十世纪中国画讨论集》，上海书画出版社，2008年7月，第16页。

③ 邵琦、孙海燕编《二十世纪中国画讨论集》，上海书画出版社，2008年7月，第18页。

迫性。

1913年，鲁迅在《拟播布美术意见书》一文指出："凡有美术，皆足以征表一时及一族之思维，故亦即国魂之现象；若精神递变，美术辄从之以转移。"①这也就是"笔墨当随时代"的思想主张。

1919年5月4日，五四新文化运动爆发，以"自由、民主、科学"的口号，展开了那股带有强烈革命意义打倒传统和全盘西化的时代性潮流。其影响广泛而深远。新文化运动对旧式文人画的挞伐也是有过之而无不及的。

其时，郭味蕖还是一个十一二岁的少年，在中国美术界自1917年至1919年间发生的大事，可能还全然不知，或者，有所耳闻而全然不解。对郭味蕖并没有产生直接的影响。但是，这场"美术革命"和五四新文化运动在中国美术界乃至整个文化界的影响都是具大的。随着围绕："科学与艺术、民族精神与西方文化、为人民与为艺术、雅与俗等四个方面八个范畴间的对立统一的声势浩大而持续长久的大论争。"②的展开，也随着五四新文化运动广泛深入，全国各地纷纷举办新式学堂，学习新文化，学习新美术，已经成为不可阻挡的时代潮流。郭味蕖伴随着这样的时代潮流而长大，到1929年，这位原本是一位秉承家学，师事传统、研究金石书画的青少年，再也按捺不住自己学习新文化、学习新美术，追求新思想的求知欲望，二十二岁的青年郭味蕖决意离家到上海学习绘画。"结婚并没有把他的心拴在安乐窝里，金石碑帖和函授西画也未能满足他的求知欲，他向往着上海，向往着新的艺术领域。"③到了上海，郭味蕖投考了上海艺专，师从陈抱一、倪贻德、陈之佛开始了

---

① 林木著《20世纪中国画研究》（现代部分），广西美术出版社，2000年1月，第5页。
② 林木著《20世纪中国画研究》（现代部分），广西美术出版社，2000年1月，第10页。
③ 刘曦林著《郭味蕖传》，山东美术出版社，1998年9月，第26页。

图4—1　上海求学时期郭味蕖阅读的部分文学书籍

一段新的学习生活，更直接地接触新鲜的西方文化及普罗文学作品，如饥似渴地吸收新思想、新文化。与进步青年交往。值得注意的是，1930年初，在上海兴起了左翼文艺运动，鲁迅先生对青年学生有很大的号召力。郭味蕖聆听过鲁迅先生讲课，读过许多鲁迅等左翼作家的著作。这对郭味蕖的人生观和艺术观都有所影响。后来郭味蕖在"文革"中回忆这段学习经历时说：

> ……特别是我国文化革命的主将鲁迅的作品，和当时左翼作家联盟出版的期刊，读后给我很大的启发。我也曾两次去上海艺大听鲁迅的讲演。当时我自己觉得还是一个站在时代前线的青年。①

鲁迅的新文化、新思想一直影响着郭味蕖，直到六十年代。如：1965年画《白荷》一画并题曰："朝晖越女罢晨妆，荇水荷风是旧乡。

---

① 郭味蕖撰写"文革交待材料"载郭怡编著《画家·学者郭味蕖纪年》，人民美术出版社，2008年3月，第47页。

唱尽新词欢不见，旱云如火扑晴江。鲁迅先生赠人二首之一，忧国伤怀溢于言表。味蕖补图并记。"

郭味蕖在《写意花鸟画创作技法十六讲》中谈到花鸟画的继承与革新时曾引用鲁迅先生的话说："鲁迅先生在谈到旧形式的采用时说：'宋的院画，萎靡柔媚之处当舍，周密不苟之处是可取的。'这精辟分析，为我们在继承遗产上提供了范例。这就是说，只有能分辨萎靡柔媚和周密不苟的区别时，才能正确的发现继承的价值。"[①]

至此我们知道郭味蕖受"美术革命"和五四新文化运动的影响和感召，对这位从传统观念向现代意识过度的画家来说，其思想更新了，视域开阔了，天地变大了，接受的新思想、新观念将影响其终身的艺术探索。如克服"不尚肖物"的弊病，理当采用"写实主义"；"中西融合"；"若精神递变，美术辄从之以转移"，等等。

二、新时期党的文艺思想和文艺政策的影响

1948年4月，潍县解放前夕，与亲友相约，决定不出走，留潍支持共产党的解放事业，迎接解放。并主动把自己的楼院让给了解放军。作出这样的决定与郭味蕖的开明思想有关，另外，是与其姻叔陈秉忱，长子陈至投奔解放区革命有关。

陈秉忱（1903—1986），原名陈文磷，陈绮的亲小叔。1939年奔赴延安，入抗日军政大学。任职中央军委秘书厅。1949年后长期担任毛泽东主席秘书。郭味蕖长子郭基琮受其影响，大学期间，改名陈至，1946年由辅仁大学秘密到解放区参加革命。此时的郭味蕖、陈绮娘家已经是革命的家属，他积极地配合解放后的潍坊市政府的工作。潍坊市第一任的市长姚仲明一进城便去看望老师郭味蕖，并在此后，经常聚谈，向他

① 郭味蕖著《写意花鸟画创作技法十六讲》，上海人民美术出版社，1989年12月，第9页。

介绍新形势。郭味蕖也对新社会充满了热情。开始了解和学习党的文艺思想和文艺政策。

1942年5月2日，毛主席发表了《在延安文艺座谈会上的讲话》，讲话中说："什么是我们的问题的中心呢？我以为，我们的问题基本上是一个为群众的问题和一个如何为群众的问题。"①毛主席所说的"群众"指的是"人民大众"，即"工农兵群众"，在"人民大众"中除了工农兵，还包括城市小资产阶级劳动群众和知识分子。并指出："人类的社会生活是一切文学艺术的取之不尽、用之不竭的唯一的源泉。"②同时还指出："文艺批评有二个标准，一个是政治标准，一个是艺术标准。"③这是中国共产党在抗日战争时期的文艺思想和文艺方针。也是人民革命胜利，人民政权建立后的党的文艺思想和文艺方针。明确指出文学艺术为"人民大众"服务，社会生活是文学艺术的"唯一源泉"。这是新社会新时代对文学艺术的要求。从而引起美术界持续地展开了围绕中国画改造和如何改造而展开中国画前途的大论战。这是继"美术革命"后的第二次中国画论争的高潮。其焦点是西画写实主义与传统中国画美学的冲突。并深入到中国画素描教学的层面。

1951年，毛泽东为中国戏曲研究院题词："百花齐放、推陈出新"（图4-2）。毛泽东1956年4月28日的这一次讲话，正式提出"百花齐放、百家争鸣"作为繁荣和发展我国文化、科学事业的一项基本方针。毛泽东指出"百花齐放、百家争鸣问题。艺术问题上的百花齐放，学术问题上的百家争鸣，我看应该成为我们的方针。"④新中国成立初期艺术上，针对"全盘西化"的"教条主义"和死守传统的"保守主义"的两

---

① 中共中央文献研究室编《毛泽东文艺论集》，中央文献出版社，2002年4月，第55页。
② 中共中央文献研究室编《毛泽东文艺论集》，中央文献出版社，2002年4月，第63页。
③ 中共中央文献研究室编《毛泽东文艺论集》，中央文献出版社，2002年4月，第72页。
④ 中共中央文献研究室编《毛泽东文艺论集》，中央文献出版社，2002年4月，第143页。

种倾向。1956年8月24日毛泽东在《同音乐工作者的谈话》中说："艺术上'全盘西化'被接受的可能性很少、还是以中国艺术为基础，吸收一些外国的东西进行自己的创造为好。……应该越搞越中国化，而不是越搞越洋化。这样争论就可以统一了。要反对教条主义，反对保守主义，这两个东西对中国都是不利的。学外国人不等于一切照搬。向古人学习是为了现在的活人，向外国人学习是为了今天的中国人。"①毛泽东在这次讲话中明确了"中国化"道路，反对艺术上"全盘西化"的"教条主义"，而"教条主义"的危害性就是"民族的虚无主义"。同时，也反对"国粹主义"，"国粹主义"的危害性就是"保守主义"，并提倡为群众所欢迎的"标新立异"。1964年9月24日毛泽东又作了关于"古为今用、洋为中用"的批示。②郭味蕖认真学习党的在新时期的文艺方针和文艺政策；认真学习马列主义哲学，听艾斯奇讲课，特别认真，记了大量的课堂笔记和心得。

通过以上党和国家领导人对新时期党的文艺思想和文艺方针的提出及文艺政策的一系列调整，从而使中国画在自身体系的基础上露出新的生机和蓬勃的活力。

郭味蕖在新时期党的文艺思想、文艺方针和文艺政策的引导和鼓舞下，开始了中国花鸟画的革新之路的理论探索和创作实践。他说："广泛地提高文化修养，加强马列主义学习，深入生活，加强艺术实践，这些综合起来是会有进步的，在不断的探索中，一定会走出一条新路来的。"③

---

① 中共中央文献研究室编《毛泽东文艺论集》，中央文献出版社，2002年4月，第147—153页。

② 中共中央文献研究室编《毛泽东文艺论集》，中央文献出版社，2002年4月，第227页。

③ 郭怡孮、郭绵孮主编《郭味蕖艺术文集》，人民美术出版社，2008年3月，第907页。

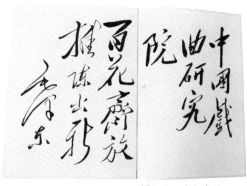

图4-2　毛主席的题词

三、"不必作前人墨奴"的自醒和觉悟

郭味蕖题《松树》（图4-3）长卷一画说："老龙睡起才伸爪，抓破青天一片云。正不必作前人墨奴也。"①这是一幅作于1971年（辛亥）的水墨长卷，1988年由人民美术出社出版的《郭味蕖画选》里的一张画的跋语。这画很奇特，手卷形式的构图里左上角用淡墨和浓墨枯笔画松树根，用淡墨枯笔画松树干；中部用浓墨再画一松树干，然后从中部上方用浓墨画三枝松枝下垂斜出，松枝上再用浓墨写松针，寥寥数笔，枝稍点缀5颗松果，右上方题跋落款。整幅画，铁臂银锄，用笔苍劲有力，气势宏阔，可比寿翁。这是画家老年从小写意花鸟画转入大写意花鸟画后的自信，如其："请看笔墨淋漓处，不数青藤与白阳"的自许。②也是"使文与可、苏子瞻、李息斋、吴仲圭见之，亦当掀髯相许，把袂入林也"③的比况。他更加彻悟了"不必作前人墨奴"的意识，也是自己几十年探寻花鸟画革新之路的回顾和总结。

确实，影响和造就一位具时代性、创造性的画家因素很多，除了前

---

① 郭怡孮、郭绵孮主编《郭味蕖艺术文集》，人民美术出版社，2008年3月，第1057页。
② 郭怡孮、郭绵孮主编《郭味蕖艺术文集》，人民美术出版社，2008年3月，第1056页。
③ 郭怡孮、郭绵孮主编《郭味蕖艺术文集》，人民美术出版社，2008年3月，第1064页。

图4-3 松树卷 1971年

面论及的"美术革命"和五四新文化的影响，以及新时期党的文艺思想和文艺政策的影响之外，还有什么重要的其他因素影响郭味蕖，并使他成为五六十年代花鸟画创新的典型，这是我一直在思考的问题。因为，同处于一个时期的画家其文化环境和时代背景并没有什么区别。郭味蕖的不同之处就在于他的"通人"之学，及其"通人"智识所引导的"不必作前人墨奴"的自醒和觉悟。

郭味蕖一边进行美术史论的研究，一边从事绘画的创作，他同时具有在这两方面取得成功的才质，是艺理双修，双轨同步的艺术家。近现代的陈衡恪、黄宾虹、潘天寿、傅抱石等人也是这样，都有一段研究美术史的经历，而以绘画实践为归宿。由于对美术史论的熟知，使他们对于传统艺术的演变和笔墨规律有了深刻而全面的认识，从而奠定了创造基础。不仅如此，郭味蕖是在两方面同时深入，其深度和广度也是惊人的，他走的是一条"通人"之学的道路，其古今相通、中西相通、诗书画印相通、教学相通的追求和智识。一方面，他有清醒的史与论的思维，通过对历代花鸟画史论的研究，以及古代和现代花鸟画家的个案研究，从理性上把握了艺术随着社会历史发展变化的规律和古今花鸟画大师们的成功经验，他较同时代的其他花鸟画家更加自觉，更加主动地把握了新时代花鸟画发展的研究课题，从而形成自己一整套的花鸟画创新理论，以指导自己和学生的花鸟画创作。例如：他在《花鸟画技法的继承和革新》一文中说："那些保守主义者认为今天的花鸟画不必再大破大立，除旧立新，可以仍然停留在原来的阶段的思想，应当及时地批判。" 认为完全可以运用临摹与创造相结合的两条腿走路的方法。即要继承，又要革新，并具体地论述了"三个结合"的创作新方法。另一方面，他中西绘画齐修，临摹和写生结合，诗书画印齐攻并进，学通承变，融会贯通，为其技法技巧的创新扫平了障碍，在艺术实践上创作了一大批与新时代的精神相适应相谐和的花鸟画优秀作品。创造了一个新的精神天地。他说：

> 旧的时代已经过去了，像石涛所吟咏的"山隈风冷天难问，桥外寒波鸟一翔"那种索漠苍凉的笔墨情怀，那个抑郁悲愤的时代，已成为历史的陈迹。今天，花鸟画和人物画、山水画一样，要求反映我们这个崭新的伟大时代。我们要用花鸟画这一传统的优美形式，创造出反映我们时代的新作，给广大群众提供美的教育和美的欣赏。我们要认真从事花鸟画传统的学习研究和继承，努力进行创作实践，大胆创新，同时必须排斥旧形式上的陈旧因袭，反对没有思想内容的笔墨情趣，努力深入现实生活，进行个人新风格的创造，这样就一定能够创造出不同于旧画风的、具有充沛活力而又孕育着健康的思想感情的、富于时代气息的好创作。[1]

这是郭味蕖"不必作前人墨奴"的自醒和觉悟。

---

[1] 郭味蕖著《写意花鸟画创作技法十六讲》，上海人民美术出版社，1989年12月，第12页。

第二节　理论创新

打开《郭味蕖艺术文集》，其上册有三个部分的内容。一是金石、考古，二是版画、年画研究，三是知鱼堂书画录。其下册有七个部分的内容。一是四画人评传，二是中国绘画史话，三是现代画家评论，四是花鸟画创作，五是花鸟画教学，六是写生日记，七是书信，八是知鱼堂题画。可以说郭味蕖是著述宏富的美术史论学者。其中，收录了郭味蕖50年代末到60年代初，撰写和发表的一系列关于花鸟画继承和创新问题的文章，是他当年探索花鸟画革新之路的一系列理论思考，通过对花鸟画史和论以及古今成功花鸟画家的研究，从理论上把握艺术随着社会历史发展变化的规律，用以指导自己的艺术实践。王镛（史论家）说："郭先生的理论和创作不仅在当时丰富了花鸟画传统，而且触及到很多中国画发展的热点问题、难点问题，到现在仍是热点的问题。比如：传统与现代、继承与创新、写生与临摹、笔墨与色彩、学养与技法等的关系，这些问题郭先生都有独到的回答。"①

一、中国传统文化中"承"与"变"的理论思考

郭味蕖对中国传统文化中"承"与"变"的理论思考是贯穿于他对中国花鸟画发展的历史研究和古今花鸟画大家的研究的始终，也贯穿于他的花鸟画学习和创作的始终。他在《恽格》一文之恽南田传略中说："南田文化修养很高，天资也非常聪慧，对于民族的绘画理论和书画鉴定也有深入研究。他强调继承绘画优良传统，要取得古人用笔用墨和一切技法方面的好处，但他却并不是'力肩复古'，以临摹古人为能事。

---

① 王镛《郭味蕖艺术研讨会发言》载郭怡孮、邵昌弟主编"纪念郭味蕖诞辰100周年"绘画艺术精选《百年郭味蕖》画集，人民美术出版社，2008年3月，第11页。

从他在画面上的多次题跋上，可以清楚地看到他是主张师古而不泥古：一方面要学习古人，另一方面又要跳出古人藩篱去创造研究，以求达到别出新意。"①从这段文字中我们知道郭味蕖通过研究恽南田的作品，从题跋中领略恽氏的创作思想，理解其作画的目的要求。如南田说："作画须优入古人法度中，纵横恣肆，方能脱落时径，洗发新趣。"②从而得出："只有画家深入现实生活，周密观察自然界的一切物象，才能在创作上别具新意"③的结论。

1961年载于《文物》的文章《明遗民画家八大山人》一文中，郭味蕖通过研究八大山人花鸟画继承了谁，又影响了谁？深入探索中国花鸟绘画发展"承"与"变"的内在关系。郭味蕖认为：

他（八大山人）是继承了明初画院花鸟画家林良一派的楷模，特别表现在他画鹰、雁、鸟、鸭的方法上，在继承了点垛法的同时，又向前推进一步，简化了浓淡套墨的程序，克服了板刻，趋向浑沦意境。④

从而说明八大山人也师事古人，继承了传统的创作技法，但又不泥成法，笔情纵恣，自出新意。正所谓"拙于规矩方圆，鄙于精研究绘者"⑤既有继承又有所发展。后面他接着写道：

① 郭味蕖著《郭味蕖艺术文集》，人民美术出版社，2008年3月，第733—734页。
② 郭味蕖著《郭味蕖艺术文集》，人民美术出版社，2008年3月，第734页。
③ 郭味蕖著《郭味蕖艺术文集》，人民美术出版社，2008年3月，第734页。
④ 郭味蕖著《郭味蕖艺术文集》，人民美术出版社，2008年3月，第765页。
⑤ 郭味蕖著《郭味蕖艺术文集》，人民美术出版社，2008年3月，第765页。张浦山评他（八大山人）的画说："笔情纵姿，不泥成法。而劲圆晬，时有逸气。所谓拙于规矩方圆，鄙精研于彩绘者也。"。

八大山人在绘画上的创作方法和表现技巧，给予以后的画家很大的影响。所谓清代的"扬州八家"，就是在他的启示下，有创造性走向了不同的发展途径。他们劲健的笔锋和奔放的气势，给当时靡靡不振的清代宫廷画派以极大的震荡，有力的起了振聋发聩的作用。对晚季的赵撝叔、吴缶庐、齐白石诸家，在造型、构图、用笔用墨方面，也推动了他们去破旧立新，树立不同的个人风貌，使中国花鸟画又有所发展。①

郭味蕖对他的老师黄宾虹的艺术有充分的了解，宾虹先生对艺术探讨，数十年如一日，要求非常严格，永远在追求进步。一方面他饱读诗书，钻研画史画论的同时，又遍临历代的名家山水画名作。从历代的史论中探寻中国画发展的规律；另一方面他走遍了大江南北，饱看了无数的佳山胜水，对祖国大地有着深沉的爱。随时写生、记录，留下许多山水画稿。在1964年撰写的《谈齐白石先生和黄宾虹先生的画》一文中谈到黄宾虹时说：

先生早年的画极为淡静，泛滥宋元名家，尤得力黄、王、倪、吴。晚年逐渐苍厚，九十以后越觉笔气郁秀，线条层层布列，如铁划银钩，大气磅礴，真是笔力扛鼎。他永远不满于自己已有的成就，他在师古人而不要泥于古人的要求下，画艺永远在日新月异地变化着。他说："敢删前人窠白，才能自成家法。"又说："要写生而后写意，写意而后写生，自能形神俱见。"可见先生所追求的是"下笔要有我法"，也正是要求写意的真实，进而达到事物内在

---

① 郭怡孮、郭绵孮主编《郭味蕖艺术文集》，人民美术出版社，2008年3月，第766—767页。

本质的表现。①

　　郭味蕖非常赞赏徐悲鸿先生在中国画创作方面所表现的卓越艺术才华和革新精神，认为徐悲鸿先生在继承民族绘画遗产方面，通过收藏和认真研究，吸取前代巨匠们的杰出智慧，是批判地继承了千百年来的丰富经验。例如从唐代的《八十七神仙卷》（徐悲鸿以为是唐代的，专家们则认为是宋代的。笔者注）；北宋的《朱云折槛图》《佛像》《罗汉》《双鹤》《芙蓉水禽》；元末明初凌云翰的《寒鸦睡凫》；明季沈周、文徵明、蓝瑛、黄道周、吕纪、陈洪绶的作品；明季无款的《群神》《观音》《清溪饮马》《出猎》《明妃》等等作品中取得启示和借鉴，来丰富自己的心胸，加强自己的笔气。经过他艺术上的熔铸陶冶，不落古人藩篱地创作出新风格的巨制。他1963年，在北京电视台徐悲鸿逝世十周年讲座上发表《杰出的人民画家徐悲鸿》一文中说：

　　　　悲鸿先生又是一位极力主张继承和发扬民族绘画传统、力求革新创作、表现现实生活的战士。他在继承绘画遗产方面，认真学习和总结了前代巨匠们的艺术智慧，批判地继承了传统艺术的优秀遗产，借以开扩胸襟和锻炼笔气。他在艺术思想和艺术创作理论方面一贯坚持生活实践，主张用写实手法，努力推陈出新。②

　　1959年，郭味蕖撰写《正确地理解和继承祖国的优秀艺术遗产》一文中说：

---

① 　郭怡孮、郭绵孮主编《郭味蕖艺术文集，人民美术出版社，2008年3月，第810页。
② 　郭怡孮、郭绵孮主编《郭味蕖艺术文集》，人民美术出版社，2008年3月，第821页。

　　1940年毛主席在《新民族主义论》中又指出："新文化的性质是民族的、科学的、大众的。"并且说："我们必须尊重自己的历史，我们不能割断历史。"①

文中郭味蕖认为：

　　妨碍学习遗产的错误思想主要有两个：一是国粹主义的保守态度。二是轻视遗产的虚无主义态度。正确的态度是"推陈出新"。

　　从以上的论述中我们知道郭味蕖不仅对中国绘画史中继承和发展的问题有系统的研究和自己的理论思考，而且，对新时期党的文艺思想、文艺方针和文艺政策也有认真的学习和深刻的体会。不难看出郭味蕖通过对历代画家的研究，发现了中国画是在继承的基础上发展的规律，继承是为了发展。他说：

　　只有在继承的基础上，才可能有发扬创造。这是规律，永远是这样的。将来也必然有人继承我们，又有创造。

　　这些话语中是深得中国画发展规律的"通人"慧悟，带有十足的自信。这是郭味蕖花鸟画创新的理论基础和指导思想。他深刻地感受到中国绘画传统源远流长，是千百年来无数画家共同努力的结果，凝结了整个民族的集体智慧，他说：

　　艺术是有民族性的，艺术也是有继承性的，民族艺术是整个民

---

① 郭怡孮、郭绵孮主编《郭味蕖艺术文集》，人民美术出版社，2008年3月，第876页。

族的历史创造。所谓民族遗产，是源远流长的长江大河，而不是一湾死水。它是在漫长的岁月中，通过历代画家们的辛勤劳动创造出来的；所谓优秀传统，并不是一代、一地、一人、一手所创造，而是千百年来为许多画家的技巧智慧所凝成。[①]

面对无比丰富的民族绘画传统，首先要很好地继承，继承是一个学问。有些人把继承狭隘地理解为临摹古人的画，没有把所临的作品和画家放在中国绘画历史的长河中进行全面的考察研究，除了外表有几分肖似外，并无多少收获，甚至跳不出古人的藩篱，更谈不上革新创造。对此问题，郭味蕖有着十分清醒的认识和具体实施的方法。他说：

今天我们要继承优秀民族艺术传统，是要掌握前人的创作方法和艺术技巧方面的创造性成果，吸收前人在某一时代，某一阶段中艺术上的成熟经验。我们要全面地研究历史发展中的继承关系和风格演变，如继承了谁又影响了谁，发展了什么，革新了什么……只有理解了这些，才能体会到过去伟大画家在理论和创作中的积极因素，才能进一步了解历代绘画发展的流派及风格的演变。但我们必须十分明确继承是为了革新，为了创造。继承是革新的出发点，继承只是手段，而革新才是目的。[②]

明确了继承和革新的辩证关系后，如何达到"革新"的目的？这是一个更大的学问。有些人不知道继承的重要性，无视传统，认为传

---

① 郭味蕖著《写意花鸟画创作技法十六讲》，上海人民美术出版社，1989年12月，第8页。
② 郭味蕖著《写意花鸟画创作技法十六讲》，上海人民美术出版社，1989年12月，第9—10页。

统是老古董，一味追求"革新"，那不是真正意义上的"革新"，那是没有法度的凭空臆造。"革新"两个字包含了二层意思，即变革旧的，创造新的，也就是"推陈出新"，也是一对辩证的关系。对此郭味蕖明确指出：

> "推陈出新"四个字本身就说明了它的辨证关系。推陈是为了继承传统、发扬传统；出新便是解放思想，破除一切清规戒律，大胆创造，改革旧面貌，确立新的形式和风格。①

又说：

> 旧形式的采用，必有删除，必有所增益。这结果是新形式的出现，也就是变革。②

二、时代性与人民性的理论思考

"时运交移，质文代变"，③时代运动会交替着演进，崇尚质朴或华丽的文风各代不同。故石涛曰："笔墨当随时代，犹诗文风气所转。"④可见，文风和画风都是随时代的不同而变化的。这就是时代性，或称之为时代感。纵观中国美术史不难发现，"凡是有成就的花鸟画家，总是以生动地或深刻地反映和表现时代精神为其基本特征的。郑所南画兰花不着土，表现着对故土家园的深思和眷恋之情；王冕的梅花，表现着画

---

① 郭味蕖著《写意花鸟画创作技法十六讲》，上海人民美术出版社，1989年12月，第9页。
② 郭怡孮、邵昌弟主编《百年郭味蕖——纪念郭味蕖诞辰100周年绘画艺术精选》，人民美术出版社，2008年3月，第1页。
③ 刘勰著《文心雕龙·时序》，华文出版社，2007年12月，第320页。
④ 杨成寅著《石涛画学》，陕西师范大学出版社，2004年9月，第231页。

家的正直和傲骨，'不求人夸好颜色，只留清气满乾坤。'；徐渭画墨葡萄借以表达自己怀才不遇、内心苦恼、郁闷的心情，'笔底明珠无处卖，闲抛闲掷野藤中。'而八大山人的花鸟，却生动地表现着明清之际冷峻的时代气氛，他笔下的禽鸟、游鱼都白眼冷对，有一种抗争不屈的精神。"[①]郭味蕖关于花鸟画与时代性的问题有着自己的认识，他认为："一个时代有一个时代的风格和面貌，一个流派往往属于一个民族，一个地域或某个阶层。他们有同一的精神思想，有共同的创作要求，因此，在他们的画面上，尽管有微妙不同，但总是表达着同一的气息，这就是时代感。今天的花鸟画同样也应具有这种鲜明的时代性，不但内容要新，在表现形式和一切技法中，也要渗入新的血液，以适应社会发展的需求。"[②]

花鸟画的时代感，可以表现在两个方面，一是内容，二是艺术形式。也就是社会主义的内容和民族形式。郭味蕖1959年撰写《正确理解和继承祖国的优秀艺术遗产》一文中说：

> 关于社会主义内容和民族形式问题，这就是毛主席所说的"老百姓喜闻乐见的中国作风和中国气派"。民族形式的问题联系着爱国主义。真正的爱国主义乃是对于数千年世代相传的自己的祖国、自己的人民、自己的语言文字以及民族的优秀传统的热爱。我们的祖国地大物博，我们的民族是一个伟大的勇敢勤劳的民族，刻苦耐劳，酷爱自由，富于革命传统。数千年来，我们民族创造了极其丰富深厚的文化，我们的文化一向居于世界先进地位。从此就可说明

---

① 丁羲元著《时代感与情感——花鸟画创新偶谈》载梅忠智编著《20世纪花鸟画艺术论文集》，重庆出版社，2001年6月，第452—453页。

② 刘曦林著《郭味蕖传》，山东美术出版社，1998年9月，第65页。

祖国优秀艺术遗产的伟大意义。^①

1959年郭味蕖发表了《正确地理解和继承祖国的优秀艺术遗产》一文中引用了1940年毛主席在《新民主主义论》一文中的论述，明确指出："新文化是'社会主义内容——民族形式'的"，同时也明确指出："新文化的性质是民族的、科学的、大众的。"^②这就表明社会主义的内容就是"科学的、大众的"内容，虽然"科学的"并不等同于"现实主义"的，但却有明显的"现实主义"（或称"写实主义""写实派"）倾向；而"大众的"，也就是毛主席所说的"老百姓喜闻乐见"的内容。至此，我们知道社会主义的内容包括"现实主义"的和"老百姓喜闻乐见"的内容。"老百姓喜闻乐见"的内容，与社会主义内容也不是同样的内涵和外延。另外，"老百姓喜闻乐见的中国作风和中国气派"的表述并不准确，作风与气派虽然与内容有关，但不是内容。因而，在我们今天看来，对新文化的内容，即社会主义的内容的界定是有时代的局限性的"外国人称绘画是科学，中国人称绘画是道"。^③中国画并不讲"科学"它可以不受时间和空间的制约，特别是花鸟画可以把不同时间不同空间的物象表现在同一幅画中。同样，中国的诗歌、戏剧等文化艺术都无法用"科学的"来界定，更无法进行量化。所以，由此也可以反观西方的"科学主义"在二十世纪中国的影响是无处不在的。

我们应当看到郭味蕖毕竟生活在二十世纪初至五六十年代，时代的局限性是无法避免的，今天我们要研究郭味蕖，也一样绕不开"时代性

---

① 郭怡孮、郭绵孮主编《郭味蕖艺术文集》，人民美术出版社，2008年3月，第878页。

② 郭怡孮、郭绵孮主编《郭味蕖艺术文集》，人民美术出版社，2008年3月，第876页。

③ 陈传席著《明末怪杰——陈洪绶的生涯及艺术》，浙江人民美术出版社，1992年11月，第7页。

"和"人民性"。因为"老百姓喜闻乐见"的内容和"民族"的形式的"时代性"特征也就是符合"人民性"的本质要求。同时，我们应该看到郭味蕖把"民族形式的问题联系爱国主义"的论述是非常独特和精辟的。他的花鸟画的创作也是极具"人民性"和"时代性"的创造。郭味蕖对时代性、人民性的理论思考，一方面得力于他对党在新时期的文艺思想、方针和政策的学习和研究；另一方面是受郑板桥、齐白石、徐悲鸿等画家的思想和艺术的影响。

1937年，动笔写《郑燮》评传，是他动笔最早、内容最丰的一篇五万余字的文章。从郑板桥的生平、思想、艺术、交游、年表五大部作了最为全面、深刻的论述。因为郑板桥曾在潍县做知县七年，他对潍县文化的深远影响以及与郭家祖上的交谊却是真实的历史。郑板桥留给郭家的书画作品，和潍县留存的郑板桥的文物史迹为他提供了研究的方便。文中对郑板桥的生平身世、社会环境、思想倾向、艺术态度进行了深入的分析。他被郑板桥那些悲世悯人、怜贫恤寡的思想所感动，他说："郑板桥一生，无论立身处世，还是为官，都清明廉洁的。他深受儒家仁义思想的熏陶，奉《六经》《四书》为圭臬，努力去阐发其中具有积极意义的思想内容，以为终身读不尽，受用不尽。他努力按照封建士人的最高规范来要求自己：他的为人是去浇存厚，恤贫怜寡、仁民爱物，刻刻以天地为心；他的为官是通性达情，务实辞名，关心民瘼，以期泽加于民。"[1]而郑板桥的画，他自己明确表示"凡吾画兰画竹画石用以慰天下之劳人，非以供天下之安享人也。"[2]事实上他的绘画也深深地受到了一般群众的喜爱，这不能不说是在思想感情和表现形式上与人民的思想好尚有一定的共通之处。郭味蕖认为郑板桥的艺术在思想性的阐

[1]　郭怡孮、郭绵孮主编《郭味蕖艺术文集》，人民美术出版社，2008年3月，第633页。

[2]　郭怡孮、郭绵孮主编《郭味蕖艺术文集》，人民美术出版社，2008年3月，第647页。

发和时代风格的凝聚上，都取得了突出的成就。总结说：

> 他通过寓托的手法，通过诗文书画的巧妙结合，极大地发扬了传统绘画的优点，将文人画的表现推到高峰。通过这种创造不仅形成了自己的风格，而且凝成了一代绘画新风，成为当时时代精神的表征。构成郑板桥艺术的基本特征，就是一个"怪"字。这"怪"也就是变革，是创新，是超群绝伦、无古无今的创造精神。①

郑板桥的绘画不独以艺术形象感人，其卓越的艺术成就，还在于以画笔直抒胸臆，对封建腐朽制度和思想进行无情的揭露和抨击，对苦难人民给予爱怜和同情，表达了人民的思想愿望、反映了深刻的社会内容。这些感人的艺术形象，长期活跃在人们的记忆之中。这无疑都是郭味蕖在所处的历史条件下，从有无人民性、从对人民大众的态度这一角度对郑板桥的分析，因为郑板桥在潍县任上的事迹和爱民思想，以及留存于郭味蕖手上的书画艺术一直影响着他，也就是说郑板桥的思想和艺术创造都暗合了郭味蕖在新时代环境下时代性、人民性的理论思考。

齐白石老人也是郭味蕖非常敬重的一位老师。"白石老人又是一位素敦友谊、大力提携后进的长者。"②白石老人非常喜欢郭味蕖这位有丰富的学养，谦和好学的晚辈。他们往来密切，郭味蕖受益良多，同时，郭味蕖对白石老人的认识也是颇深的。他注意到白石老人的艺术思想和创造精神，是其与现实生活和人民群众的紧密联系分不开的，白石老人的创造是时代性与人民性的完美结合。白石老人由于家境清贫，从小

① 郭怡孮、郭绵孮主编《郭味蕖艺术文集》，人民美术出版社，2008年3月，第645页。
② 郭怡孮、郭绵孮主编《郭味蕖艺术文集》，人民美术出版社，2008年3月，第802页。

图4-4　齐白石　牧牛图

就培养成不怕困难、百折不挠的气质。由于出身农村，又经过了长时间的劳动锻炼，使他具备了劳动人民的精神气质，从而立足在群众的基础上，创作出为广大人民所喜闻乐见的作品。1958年郭味蕖撰写《向杰出的人民艺术家白石老人学习》一文中作了介绍。他说：

> 白石老人把对祖国的热爱与对和平生活的向往的美好感情，都灌注到他的画幅中去。他开始画柴耙、画农具、画瓜、画牛、鸡、虾和青蛙。经常以一般画家所不屑画的劳动人民喜见的事物入画。①

例如：齐白石所画的《牧牛图》（图4-4），画上题曰："祖母闻铃心始欢（璜幼时牧牛身系一铃，祖母闻铃声，遂不复倚门矣），也曾总角放牛还。儿孙照样耕春雨，老对犁锄汗满颜。——橐（即胡橐，胡佩衡之子，齐白石弟子。笔者注。）也题旧作。九十二岁璜。"②

可见，白石老人对这些事物热爱，又是贯穿着他的终生，永远也不会忘记，并且经常在他的绘画、题画和文字吟咏中唤起喜慰依恋的回

① 郭怡孮、郭绵孮主编《郭味蕖艺术文集》，人民美术出版社，2008年3月，第807页。
② 郭怡孮、郭绵孮主编《郭味蕖艺术文集》，人民美术出版社，2008年3月，第799页。

忆，由衷赞颂和诗意的描写。

又如：白石老人经常画不倒翁，并题诗曰："能供儿戏此翁乖，倒不须扶自起来。头上齐眉纱帽黑，虽无肝胆有官阶。" 经常表现出对恶劣的旧社会那些欺压人民的贪官污吏的嘲讽。

再如老人画《渔翁》一画并题诗曰："看着笊篱有所思，湖干海涸欲何之？不愁未有明朝酒，窃想空篮征税时。"①从而揭露旧社会政治的黑暗，苛捐杂税繁多，给予劳动人民以同情。

郭味蕖说："白石老人的'从群众中来，到群众中去'的杰出的艺术创作，正达到了列宁同志曾说的'艺术是属于人民的，它应当把自己最深刻的根，埋植在广大劳动群众地层本身中，它应当为这些群众所了解，并为他们所喜爱。'"②

不难看出郭味蕖对齐白石老师赋予时代特征的，"老百姓喜闻乐见"的绘画给予高度的评价和赞扬。郭味蕖也深深受到了齐白石老师创作思想的影响和启示，从而更加坚定了时代性和人民性的理论探索。

徐悲鸿也是一位深受郭味蕖崇敬和爱戴的前辈艺术家。郭味蕖特别欣赏徐悲鸿的爱国精神和民族的责任感。他在《杰出的人民画家徐悲鸿》一文中说：

> 悲鸿先生又是一位杰出的爱国主义画家，他始终把自己和祖国的命运紧密地联系在一起。解放前他曾满腔热情地积极支持抗日战争和反对国民党的斗争，始终坚持民族正义。解放后，悲鸿先生以饱满的热情参加各项政治活动，担起了中央美术学院院长的重担。领导学生下乡下厂，体验生活，要求以毛主席的文艺思想来武装自

---

① 郭怡孮、郭绵孮主编《郭味蕖艺术文集》，人民美术出版社，2008年3月，第800—801页。

② 郭怡孮、郭绵孮主编《郭味蕖艺术文集》，人民美术出版社，2008年3月，第803页。

图4-5 徐悲鸿 雄狮 1943年 113cm×109cm

己，以最好的艺术为广大的人民服务。[1]

　　文中郭味蕖举了徐悲鸿解放前和解放后两种截然不同的思想感情。解放前所画的《田横五百士》《徯我后》《九方皋相马》《愚公移山》《雄狮》等富有民族精神和爱国思想的伟大作品。都是借助历史上的人物故事，来歌颂中国人民自古流传的高贵品质，抒发自己忧国爱民、憎恶黑暗、追求光明的思想感情，赋予历史性题材以时代性的关注。

　　画《田横五百士》，企图通过这幅画来歌颂中国人民从古以来所推崇的"富贵不能淫，威武不能屈"的高贵品质和高尚的民族气节，以鼓舞人们的抗战决心。

　　画《徯我后》，画家创作这幅画是用它来象征人民殷切盼望获得自

① 郭怡孮、郭绵孮主编《郭味蕖艺术文集》，人民美术出版社，2008年3月，第821—822页。

由、幸福的心情。

画《愚公移山》，借古代寓言故事，表达了中华民族伟大的智慧和勇毅精神。有力地表现了劳动创造世界的伟大力量。

画《雄狮》（图4-5），题作"新生命活跃起来"，生动有力地表达了狮子的勇猛形象，用心表达作者在九一八事变后关心祖国命运的悲愤心情。

解放后，画《奔马》，题写"山河百战归民主，铲尽崎岖大道平"的喜悦语句，从而表达了他对革命的衷心热爱。

画《鲁迅和瞿秋白的会见》，是一幅他生前没能完成的作品，都充分说明了他对新社会的热爱。

文章最后说："在他的作品中就充分地表现了可贵的现实性和人民性，博得了群众的热爱。"①

以上郭味蕖关于"时代性""人民性"的理论探索为其在新时期花鸟画的革新之路，提供了成功的思想基础和理论支持。这在二十世纪五六十年代的中国画坛弥漫着"国粹主义"和"民族虚无主义"二种不良风气的情况下是难能可贵的，为中国画的发展找到了一条崭新的创作道路。"国粹主义的保守态度"，不利中国画的发展，不符合新的时代精神；而"轻视遗产的虚无主义态度"，全盘西化的主张，无形中在取消中国画，对中国画的发展危害极大。郭味蕖对"时代性"和"人民性"的理论思考和理论建树给这两种态度以有力的抨击。

三、"两个深入"和"临摹、写生、创作紧密结合"的理论思考

生活是一切文学艺术的取之不尽、用之不竭的唯一的源泉。对于花鸟画家来说，必须深入自然生活和社会生活，即"两个深入"。深入自

---

① 郭怡孮、郭绵孮主编《郭味蕖艺术文集》，人民美术出版社，2008年3月，第818页。

然生活，就是要广泛地接触自然界事物，通过观察、研究，认识它们的生活规律和造型特征，了解自然和人的密切关系。深入社会，就是要到人民群众中去，到社会实践中去，努力从思想感情上深刻地把握住新的社会生活的本质。生活是艺术创作的唯一源泉，临摹、写生也是深入生活，也是为创造服务的，它们之间的关系是密切联系在一起的。

关于深入自然生活和社会生活的问题，以及和临摹、写生、创作紧密结合的问题，郭味蕖在古代《四画人评传》和现代画家评论文章中有所涉及，不过，谈论最多的还是五十年代末六十年代初撰写的几篇关于花鸟画学习和创作方面的文章。

1959年4月20日《人民日报》发表了《谈花鸟画创作》一文，最后强调说：

> 花鸟画家必须先深入生活，把自己的思想情感和群众打成一片，在现实生活中发掘素材，破旧立新，努力创作，同时不断提高艺术技巧，努力学习古今中外绘画大师们的长处，这样才能正确继承和发扬花鸟画的优良传统，创作出无愧于我们这个伟大时代的作品。①

郭味蕖这简短的几句话，包含了丰富的内容，即深入自然生活和社会生活与临摹、写生、创作紧密结合的关系。这里的现实生活包含社会生活和自然生活。深入社会生活是为了把画家的思想感情和群众打成一片，了解人民群众的精神需求和对美的需求；深入自然生活，就是通过写生，发掘题材，认识事物的生长规律和造型规律，破旧立新，收集并掌握生动活泼的创作素材；同时，通过临摹、研究等手段努力学习古今

---

① 郭怡孮、郭绵孮主编《郭味蕖艺术文集》，人民美术出版社，2008年3月，第870页。

中外绘画大师的长处，继承和发扬花鸟画的优良传统，才能创作出无愧于这个时代的优秀作品。

郭味蕖"两个深入"和"临摹、写生、创作紧密结合"的理论思考与中国古代画论"师法古人"和"外师造化、中得心源"有着密切的联系。谢赫中国画六法中的最后一法是"传移模写"，即临摹画的技能。有人认为，传移模写是要求在创作上学习前人的经验，也就是"师法古人"，在品评上是要看这个画家继承传统如何，而"外师造化、中得心源"则是从姚最"心师造化"发展而来，意即以造化为师。造化，原是指自然界，后来指一切客观事物。心师造化阐明了画家与所表现的对象之间的关系。而张璪"外师造化、中得心源"这句话，概括了画家创作过程中反映客观事物与主观思想情感的联系作用。比"心师造化"增加了主观思想感情因素。而郭味蕖强调"两个深入"和"临摹、写生、创作相结合"的理论思考则是"师法古人"和"外师造化、中得心源"理论的继承和发展。例如"深入社会生活"就是为了画家的思想感情与广大欣赏者的思想感情的互动与交流，关注欣赏者的精神需求。也就是增加了"人民性"的时代特征。

1962年，郭味蕖撰写《花鸟画的推陈出新》一文，分别从四个方面进行论述：一、推陈出新是事物发展的规律；二、花鸟画的推陈出新是一次本质的革命；三、深入生活，并不是单纯收集创作素材；四、花鸟画如何推陈出新，怎样才算出新。谈到"深入生活，并不是单纯收集创作素材"时说：

> 生活是艺术创作的源泉，但所谓生活，应包括着丰富的内容，并不单纯指自然生活。花鸟画家深入生活，不只是为了认识客观物象的造型，花和鸟的生长规律、生活规律，从而通过写生速写，

到广大自然中去收集创作素材，更主要的是深入到广大的工农群众中去，体会劳动人民的思想感情。因此，花鸟画家深入生活是和山水、人物画家一样必要的。这是因为到生活中去，不只是为了通过生活实践深入观察，去理解花和鸟的形象色泽以及花鸟环境，更重要的是画家通过生活锻炼达到世界观的转变和思想感情的变化，从而有能力自己重新处理审美观点。①

这是郭味蕖对深入自然生活和社会生活的理论思考，也是他付诸实践的具体行动。他说：

我注意深入自然生活和社会生活，并努力地把自然生活和人民的生活有机地联系起来，赋予这些自然物以人民的思想感情，努力去把握我国历史上从未有过的那种广阔、开朗、健康、乐观、欣欣向荣的社会情调和气氛。②

郭味蕖强调深入生活，才能认识生活。人的认识过程是"认识、实践、再认识、再实践。"的不断循环反复，才能使感性认识，上升到理性认识，然后才有能力去表现事物的内在精神。艺术必须深入生活，因为艺术是现实的反映，生活是艺术的源泉。没有生活，就没有艺术创作。但，现实究竟不是艺术，艺术也不要求表面地反映生活。任何艺术离开了对现实生活的深刻体验是不能进入创作的，更不会创作出感人的艺术作品。因此，画家对生活必须作艺术的反映，也就是要反映现实生

① 郭怡孮、郭绵孮主编《郭味蕖艺术文集》，人民美术出版社，2008年3月，第895页。
② 郭怡孮、邵昌弟主编《百年郭味蕖——纪念郭味蕖诞辰100周年绘画艺术精选》，人民美术出版社，2008年3月，第4页。

活的本质。画家要反映现实生活的本质，就必须具备表现现实生活的能力，也就是要掌握艺术创作的技巧和方法，把握艺术的创作规律。一般说来，一个花鸟画家的成长，要经过从临摹到写生、创作的过程。郭味蕖认为临摹、写生、创作必须紧密结合，也是中央美术学院中国画系推行的"三位一体"的中国画教学体系。针对这个问题，1962年，郭味蕖撰写了《临摹、写生和创作》一文，后来此文收入《写意花鸟画创作技法十六讲》中的第四讲，作了十分系统论述。在1962年《花鸟画教学大纲》中也有详细的安排和系统的论述。两个深入和临摹、写生、创作紧密结合，或者说"两个深入"和"三位一体"是贯彻于郭味蕖花鸟画学习、创作和教学全过程的理论思考和具体的艺术实践。

他在1941年8月24日载北京《晨报》第四版的《有感于此次画展》的北平画展前言中说：

予曾谓作画须从临摹古人入手，古人笔墨，规矩方圆之至也！

前贤寄兴翰墨，兴到笔随，风趣横生，每当风雨晦明，拈毫濡素，乐亦在其中矣！较之吾人以死法拘求形迹者，则反是！所谓法古而不泥古，取长舍短，融会贯通，摈落筌蹄，方穷至理。

予近年每见历代大家名作真迹，辄觉二三日寝食有味，悬诸壁间，镇日晤对。吾人每对古人名作，当想其未画时如何胸次寥廓，欲画时如何解衣磅礴，既画时如何经营惨淡，如何纵横挥洒，发墨赋色，必使神会心谋。

蕖自髫龄入学，读书余暇，辄以笔墨自娱。及长，负笈申浦，专究绘事，经诸师长耳提面命，彼收切磋之益。以后乃广搜名迹，模山范水，走苏、杭、燕、晋，攀居庸、云冈、眼底精研物理，笔端搜求造化，二十年来始稍门径。①

从以上郭味蕖的言论中我们知道，郭味蕖十分注重对古人的学习，每每悬壁晤对，手摹心追，取长舍短，融会贯通，必使神会心谋，亦有精研物理，搜求造化的对景写生，却还没有赋予花鸟画时代性创新的意识。这一时期所论所画都是传统文人画的范畴。到1962年，郭味蕖撰写《临摹、写生和创作》时，匆匆时间已经20年，社会更生，时代变化。新中国成立后，在党的文艺思想、文艺方针和文艺政策的感召下，更新了思想，转变了文风，对临摹、写生、创作有了新的认识和成熟的理论思考，并用新的创新理论指导自己新花鸟画的创作和教学。他说：

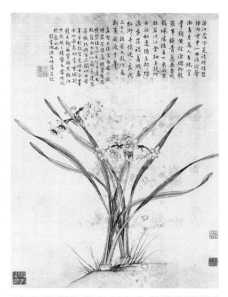

图4-6　郭味蕖临摹宋元作品
（郭味蕖家属藏）

临摹是学习古代绘画遗产的重要方法，也是具体继承前人表现技法的一个主要过程。古代画家在长时期的创作实践中，积累了丰富的经验，为我们提供了宝贵的借鉴。我们要通过有步骤地观察临

① 郭怡孮、郭绵孮主编《郭味蕖艺术文集》，人民美术出版社，2008年3月，第865—867页。

摹，对遗产进行深入地分析研究，从而继承前人优秀传统。……临摹分拓临，对临和背临。写意花鸟画不可拓临，对临不是看一眼临一笔，而是先要进行长时间的观察，分析比较，有了较深体会的时候再动笔去临。……临摹只是一种手段，不能作为目的。①

此时郭味蕖已经对临摹有了更深刻的理解，从"方穷至理"的技法学习上升到"深入地分析研究，从而继承前人的优秀传统。"从"必使神会心谋"的"镇日晤对"发展意识到"临摹只是一种手段，不能作为目的。"，并掌握了拓临、对临和背临的具体方法。郭味蕖重视对传统的研究和学习，由于世家出身，家藏甚富，加上自己喜欢鉴赏收藏历代精品字画，其研究学习传统的条件是得天独厚的，这也是为什么郭味蕖有十分清晰的理论思考的原因之一。同样，郭味蕖对深入生活，面对自然的写生也是有着清醒的认识和独特的理论思考。他说：

> 写生的方法，本是中国古代画家所久已使用的方法。自西洋美术理论传入以来，写生更成为学习美术的必经途径。我们在大自然中观察、研究、记录客观事物，往往使用写生、速写、默写这三种方法，这被称为'三写'的写生、速写、默写，是培养正确造型能力的基本功，是收集创作素材的主要途径。
>
> 对生活的观察体验，可以是常识性的，即具有一般的熟悉、观察和收集素材的性质；又应有重点地结合个人的创作能力，有目的地进行创作素材的收集。……
>
> 速写要求迅速、准确、洗练。它比写生难，必须经过锻炼，否则就不能得心应手。

---

① 郭怡孮、郭绵孮主编《郭味蕖艺术文集》，人民美术出版社，2008年3月，第908—909页。

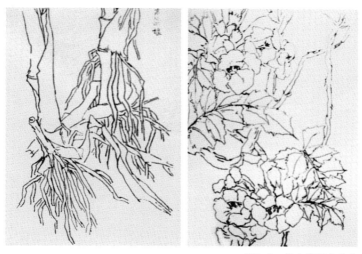

图4-7 郭味蕖写生作品

默写要求记忆，实际上，写生和速写已经包括着默写的成分。

默写有两种，包括在临摹中运用和在写生中运用。……默写是接近创作的。

记忆和默写，又是中国画创作方法的优秀传统，只停留在写生的基础上还不能完全进入创作。中国画家都是凭着记忆来作画的。画家记忆中的形象是经过加工的，比自然生活中的形象更典型、更生动。

总之，写生、速写、默写三者的作用有分工，三者的目的也不同。写生是精微记寻，速写是动势姿态的记录，默写既是临摹和写生的辅助手段，又是中国画创作的重要方法。要通过观察、分析、记忆、写生、速写、默写等不同方法熟悉生活，把握繁复的花鸟形象和多变的花鸟动态。做到闭目如在目前，下笔如在腕底。没有认识的深度就没有表达生活内在精神和清楚的表达自己感受的深度。①

郭味蕖这种对写生的透彻理论认识，是他几十年来坚持不懈地坚持写生的经验总结，这也是其青年时期学习西洋绘画养成的写生习惯的延续，也由于"生活是艺术创作的唯一源泉"的思想彻悟，所以，这就是为什么他的画没有重复。常画常新的根由所在。下面我们是再来考察一下他部分关于写意花鸟画创作的思想认识和理论思考。他说：

> 进行写意花鸟画创作。首要的是培养创作基础。这个基础，包括思想、理论、生活、技法，以及广泛的文化修养。
>
> 当具备了思想、生活、笔墨技法修养等各种条件之后，即可进行创作。通过反复的创作实践，又可促使这此条件不断成熟。
>
> 我们要创作出新时代的花鸟画，使自己的作品思想新、意境新、技法新、情调美。
>
> 要根据新的主题、题材、内容的需要，有意识地创造新技法，为传统的表现技法输入新血液。这样才能创作出具有新风范的作品。因为花鸟画技法的演变，是随着画家思想的变化而变化着。由于画家的思想变了，他对自然界的花和鸟的看法就有了不同，艺术标准、审美观点也都跟着起变化。对于旧的一套表现技法，就觉得不适应和不够用时，因而也就要求创造出新的技法。
>
> 我在近年的写意花鸟画创作中，时时想在内容取材和表现技法上破旧立新，努力反映我们时代的精神面貌。②

---

① 郭怡孮、郭绵孮主编《郭味蕖艺术文集》，人民美术出版社，2008年3月，第910—913页。
② 郭怡孮、郭绵孮主编《郭味蕖艺术文集》，人民美术出版社，2008年3月，第913—914页。

由此可见，郭味蕖的写意花鸟画创作，首先强调培养创作基础和广泛的文化修养。强调花鸟画的创新是一个系统工程，要以思想之新，带动理论之新，以理论之新带动技法之新，从而创造出意境新、情调美的新型花鸟画，努力反映和表现时代的精神风貌。

第三节　技法创新

"至人无法？非无法也，无法而法，乃为至法。"[1]有人说："大智大慧的人办事不讲法则。"其实，并不是不讲法则。他们看起来不讲法则，实际上是在运用法则时能随机应变并能够在新的条件下发现并运用新的法则。这种"无法而法"才是真正的最高法则。这里的"无法"，是表面看起来无法。只是似乎无法，而实际上是有法。这"有法"又不是盲目地因袭成法，而是灵活运用成法，发展成法，并借以创造新法，是"借古以开今"的创造。石涛反对在风格、技法上对古人、今人作品进行模仿，主张在艺术上要有个人独特风格，艺术家要有自己的个性。在艺术上学习古人、今人，但学习是为了自己新的创造。郭味蕖十分赞赏石涛的"变化"观。他在《临摹、写生和创作》一文中说"临摹不能代替创作，历史上不可能再出现石涛、八大山人或是郑板桥，因为产生他们的条件已经不复存在了。石涛说：'纵逼似某家，亦食某家残羹耳。'又说：'古之须眉，不能生在我之面目；古之肺腑不能安入我之腹肠。我自发我之肺腑，揭我之须眉。'由此看来，临摹只是一种手段，不能作为目的。"[2]

---

[1]　石涛著《苦瓜和尚画语录》，山东画报出版社，2007年8月，第13页。

[2]　郭怡孮、郭绵孮主编《郭味蕖艺术文集》，人民美术出版社，2008年3月　第909页。

郭味蕖强调适当的临摹是非常必要的，这是学习传统技法的途径和手段，以名贤妙迹立根本，然后深入生活，在自然中细心体会真花之聚精会神处，得之于心，施之于手，自有我在。目的是要在内容取材和表现技法上破旧立新，努力反映我们时代的精神风貌。

一、五个结合和传统技法的重组

五个结合是郭味蕖技法创新的最显著的特点。郭味蕖为了更准确地表达时代精神，采用了五个结合的办法，也就是通常所说的"三结合"。即花鸟和山水相结合，写意和工笔相结合，泼墨与重彩相结合。其中写意和工笔的结合还包含了勾勒与没骨相结合、白描与点染相结合，这样就是五个相结合。这些相结合的表现方法，是郭味蕖表达新内容、新感情、新的时代精神所需要的，他认为"古人曾反映了他们的时代，我们也一定能创造出正确反映我们这个时代的新形式来。"[①]五个结合实际上就是使用不同画种、不同画风的传统绘画技法重新搭配组合在一起，形成新的表现技法，通过这些绘画形式、手段、语言的综合运用，从而更自由、更准确、更充分地表达画家的思想情感，以适应新时代的新要求。他说：

> 我们所处的时代是一个轰轰烈烈、蓬蓬勃勃发展着的伟大时代，时代本身就是一首英勇的交响曲，要想反映我们这个时代的面貌，为什么绘画就不能用交响曲呢？[②]

所谓的："绘画交响曲"就是绘画形式、手段、语言的综合运用，

---

① 郭怡孮、郭绵孮主编《郭味蕖艺术文集》，人民美术出版社，2008年3月，第914页。
② 郭怡孮、郭绵孮主编《郭味蕖艺术文集》，人民美术出版社，2008年3月，第914页。

这种综合运用也就是"技法重组"，这是郭味蕖最显著的绘画特点和最独特的艺术创造。

（一）花鸟和山水结合

郭味蕖采用花鸟和山水相结合的表现技法，主要是受两方面的影响和启示。一方面是受宋元以来花鸟画家的影响和启示。他在《临摹、写生、创作》一文中说：

> 花鸟和山水相结合的表现方法，前代画家们曾经运用过，并非是我个人的创造。宋元以来的花鸟画大家。如马远、王渊、戴进、吕纪、林良等人，他们在构图中经常以坡石、水口、远峰、近岸来衬托花鸟。[1]

另一方面，就是受大自然的影响和启示。他说：

> 我曾于夏（夏前缺今，即1962年的夏天，笔者注）始登上泰山，远望一片金星闪闪，这是岩壑间遍开了野山丹和金针花的动人情景。因此，我就画了岩石和远峰与数丛山丹相配合的画，情趣便觉不同。在黄山西海，远远望去，云烟变灭，不可言状，山花满山，泉水淙淙，鸟声远近相答，犹如入于神话世界。箸竹夹道，杜鹃花高大如老柯，欹斜岩边涧底，枝头花红如簇如火，遍布林莽间，极具画意。在画面上错落地画出这各色各样的映山红，配以山石岩峦，便可得出河山似锦的意境。[2]

由此可见，郭味蕖花鸟与山水的结合，既是师法古人，又是师法

---

[1] 郭怡孮、郭绵孮主编《郭味蕖艺术文集》，人民美术出版社，2008年3月，第914页。
[2] 郭怡孮、郭绵孮主编《郭味蕖艺术文集》，人民美术出版社，2008年3月，第915页。

"造化"的结果。有师承又有创造，来自于生活又高于生活，是借古以开今，借物以抒情，借自然之景物抒写时代之风貌。与前人"全境式"的花鸟与山水的结合有着一些本质上的区别。主要有如下几个方面的不同：首先，是"全景式"与"主体式"的区别。古人的结合意在表现"天人合一"的自然观，表现的是天地间的物，或是人，无论是山水与花鸟的结合，还是山水与人物的结合，表现的是一个大的自然环境。五代、两宋仍有延续晋唐以来人物、山水、花鸟不分的现象，分科并不明显，即便是一张小团扇或小斗方表现的大都是"全境式"的大场景。如五代黄筌（传）《雪竹文禽图》、黄居寀（传）《竹石锦鸡》、马远《梅石溪凫图》（图4-8）等，运用"小中现大"的方法，喜欢以近景的树木坡石，配以远岫浅水，风帆钓艇，其间再画文禽、鸠凫等禽鸟于画图中。这样以花鸟和溪山相结合的画面，虽然不同于传统折枝花鸟的风趣。给人以亲临其境的真实感觉。但，也有表现主体不明确的感觉。而郭味蕖的花鸟与山水的结合，意在表现花鸟主体。以基本原大的丛竹鲜花，配以山石岩峦，以蓬蓬勃勃、郁郁葱葱的"主体式"的自然景物谱写新的时代精神。是"主体式"的，以花鸟为主体的与山水的相结合。如《大好春光》（图4-10）、《东风》等。其次，是绘画领域的区别，五代、两宋、元代、明初花鸟画大都是工笔领域的花鸟与山水的结合。而郭味蕖则是写意领域的花鸟与山水的结合。如宋代无款《锦雉竹雀图》、元代王渊《花竹锦鸡图》、明代边景昭《竹鹤图》等都是工笔领域的花鸟与山水的结合。发端于唐、五代的文人画，宋元之际有了进一步的发展，到了明清时朝，文人画蓬勃发展，以水墨写意为主要特征，以四君子题材为主体内容的文人画逐步取代了五代、宋、元以来的院体绘画而成了绝对的主导地位。"创造了无以数计的优秀作品，构成了一个万物自得生态平衡而且灿烂和谐或清雅高洁的精神家园，在世界艺坛

图4—8 宋 马远 梅石溪凫图 （故宫博物院藏）
图4—9 宋 无名氏 松涧山禽图 （故宫博物院藏）

上独树一帜。……然而，这一历史悠久的美术品种在走过其古典高峰期之后，仅知拾取古人皮毛的浅学者流，离开了以造化为师，抛掉了'世情''时序'的感悟，守法而忘理，执鱼而忘筌，一味以前人成法为圭臬，不事原创，无所作为。自清中期之后，已经基本上失落了优良传统，丢掉了花鸟画艺术语言的原有生命力而发生了衰变。"①

　　至20世纪初，由于社会的大变革，政权的更迭；加上"美术革命"和五四新文化之运动的催发，传统文人花鸟画已经失去了原有的生存土壤和文化环境。特别是新中国成立后，文艺为广大人民群众服务已成为新时代的主题。发端于世纪初的传统花鸟画的革新努力已经取得了可喜的成果，特别是齐白石、潘天寿、徐悲鸿已经取得了显著的成功。郭味蕖也和前代画家们一样，也是致力于传统文人花鸟画的变革，他是写意领域里的花鸟和山水的结合。如《潺潺》《藤风竹露》等。再者，是思想境界的区别。古人的结合意在表现荒寒野逸的情调，是文人出世思想

① 薛永年著《花鸟画百年回顾》载梅忠智编著《20世纪花鸟画艺术论文集》，重庆出版社，2001年6月，第417页。

图4—10　大好春光　1962年　105cm×173cm

的体现。如宋代佚名《寒鸦图》、清代徐玫《雪鹭图》等，而郭味蕖的结合意在表现蓬勃向上，欣欣向荣的情调，是新时期花鸟画家积极投身社会生活，歌颂时代精神的思想体现。如：《春山行》《春涧》《霜红时节》《东风珠霞》等。

　　在这写意领域的花鸟与山水结合中取得显著成绩和重大突破的还有潘天寿先生，正如郭味蕖所说的是："寓花鸟于山水之区"的创造。（由于在前面的章节中已有较详的论述，在此不作展开。）与郭味蕖"主体式"的花鸟与山水的结合也是有所区别的。

　　（二）工笔和写意结合

　　就传统中国画的表现形式来说，大体可分"工笔"和"写意"两种，所谓"工笔"，当以描绘精工和擅于设色为长，包括白描、工笔淡彩、工笔重彩和工笔没骨等多种样式。所谓"写意"是以挥写洗练和发挥水墨为胜。包括小写意、大写意和写意没骨等多种样式。无论是写意，还是工笔随着自身的演化和发展，本身就有多种样式。如果写意和工笔相结合，就会产生更加丰富多样的新的绘画形式。郭味蕖敏锐地把握了这一中国画历史发展的内在规律。从而开拓了自己崭新的绘画领域。他说：

> 工笔和写意相合，前人也有过。远在五代北宋时，花鸟画就出现了勾填法和勾勒法。勾填法是用较重的墨先勾画轮廓，然后再赋彩填色；勾勒法便是在点色以后再勾，随着点色的轮廓，用墨笔勾线加以约制，这样较勾填法生动得多，也自由得多，但不及前者有浓厚的装饰风趣。南宋前后，在花鸟画中，勾填勾勒法兼施。及至明季周之冕，又以徐熙没骨法与勾勒法相结合，创造了勾花点叶派这一新形式。齐白石先生以极工细的草虫配以大写意花卉，都是对花鸟画表现形式的发展。①

从双勾填色的"勾填法"到点色勒线的"勾勒法"，已经带有写意的意味。元代王渊以"勾花点叶"　画牡丹尚属于"勾勒"与"工笔没骨"相结合，如：元王渊《牡丹图》（图4-11）。到了明代周之冕以"勾花点叶"　画牡丹则属于"率勾"与"写意没骨"相结合，又推进了一步，如明周之冕《群英吐秀》（图4-12）。此后，勾花点叶法被广为使用，如明清之际的陈淳、沈周、徐渭、恽寿平、陈撰、石涛、八大、金农、赵之谦；近现代的吴昌硕、虚谷、潘天寿、齐白石，等等。郭味蕖对明人绘画有较为系统的研究，曾长时间致力于明代画家的学习。他说：

> 我曾长时间以明代画人的写意画范模，从简笔淡彩中，追求浑厚苍穆的意境。同时，深入现实去勾勒各种花鸟的轮廓，积累素描素

---

① 郭怡孮、郭绵孮主编《郭味蕖艺术文集》 人民美术出版社 2008年3月 第915—916页。

图4-11　元　王渊　牡丹（局部）

图4-12　明　周之冕　群英吐秀卷（局部）

材，然后加以剪裁运用，以期达到工笔与写意相结合的形象真实。并将明人写意和宋人双钩笔法结合起来，便能显现出新的风范。[①]

　　郭味蕖工笔和写意的结合，与明周之冕的"勾花点叶"法不一样。也与齐白石"以极工细的草虫配以大写意花卉"有着明显的差别。齐白石是把"两个极端的物象结合在一起，工是工，写是写，造成强烈的对比关系，给人清新别致的感觉，也很谐调。因为工细的草虫非常小，所占画面的体量都很有限，甚至是藏在花卉或草丛中，不影响画面的整体效果，反而是粗中有细、大中有小，显得天真烂漫丰富有趣。如八开草虫册页之五《井水草虫图》，题曰："借山馆后井水味甘，冬日尚有草虫。白石。"

　　而郭味蕖的工笔与写意的结合，大都是主题性的创造，画幅比较大，采用勾填法和勾染法画花，写意没骨点叶或点叶勾勒法画叶，然后再用水墨写意法画树干、枝条、墨竹或石头。然而，工和写是一对矛盾，以富于装饰风趣的重彩勾填法与表现浑厚苍茫的泼墨写意法相结合，不容易协调，还有，以勾染法画花朵，由于轮廓线工致劲挺，更不容易和写意的枝叶笔法相调和。都需要加以解决，才能取得理想的效

────────────

① 　郭怡孮、郭绵孮主编《郭味蕖艺术文集》，人民美术出版社，2008年3月，第916页。

图4—13　归兴　1962年　138cm×98cm
图4—14　惊雷　1962年　122cm×94cm

果，否则，就会出现工是工，写是写，不相协调，相互冲突的现象。郭味蕖认为勾勒须有顿挫浓淡变化，不能如工笔画法的细腻。造型需要"似与变"，用微颤的笔或焦墨渴笔，或淡墨率勾，以淡墨勾花朵，填入淡彩，就觉得比较耐看而和谐。他说：

> 这说明勾填勾勒法形象真实工丽，而没骨（写意）法不但能加强物象的生动感觉，又便于表现醇朴的意境。两者调合在一起，就可以表现出一种既真实又生动的效果。[①]如《归兴》（图4—13）、《惊雷》（图4—14）等。

（三）泼墨与重彩的结合

"泼墨"一词发端于唐代王洽，相传王洽以墨泼纸素，脚蹴手抹，

① 郭怡孮、郭绵孮主编《郭味蕖艺术文集》，人民美术出版社，2008年3月，第888页。

随其形状为石、为云、为水，应手随意，图出云霞，染成风雨，宛若神巧，俯观不见墨污之迹。（见《唐朝名画录》）、唐代张彦远认为"泼"不能过甚，有"吹云泼墨"之说。明代李日华《竹嫩画滕》说："泼墨者用墨微妙，不见笔迹，如泼出耳。"清代沈宗骞《芥舟学画编》说："墨曰泼墨，山色曰泼翠，草色曰泼绿，泼之为用，最足发画中气韵。"后世指笔酣墨饱，或点或刷，水墨淋漓，气势磅礴，皆谓之"泼墨"。①

"重彩"是中国画的绘画媒介。指朱砂、石黄、白粉、石青、石绿等不透明的矿物性颜料，即石色颜料，主要用于工笔花鸟画和青绿山水画。写意花鸟画则以胭脂、花青、藤黄、玫瑰红等透明的植物性颜料，又叫水色颜料。

泼墨和重彩相结合的表现方法，古代画家们运用得不多。不过，清代的华嵒、赵之谦、任伯年、虚谷。现代的齐白石、潘天寿等都有成功的探索和不俗的表现。如华嵒《牡丹竹石图》（图4-15）、《鹦鹉荔枝图》；赵之谦《十四开花卉册》（图4-16）、《花卉八条屏》；任伯年《花卉四条屏》；虚谷《山桃图》（图4-17）、《桃实图》；齐白石《荷花鸳鸯图》；潘天寿《小泷湫一角》、《雁荡山花》等都是泼墨与重彩相结合的作品，但都没有全面展开，只是根据需要，偶尔为之。虽说他们都是泼墨与重彩的结合，却有二种不同形式，华嵒、赵之谦、任伯年、虚谷、齐白石是属于泼墨与没骨写意的结合。而潘天寿则和郭味蕖一样是泼墨与勾线填色的结合。

郭味蕖在其《花鸟画技法的继承和革新》一文中说："在花鸟画中，用泼墨写意的笔法描写坡石苔草和禽鸟，同时用重彩钩勒来表现花朵和枝叶，或是相反地去做，是可以创作出形似真实、艺术性高的画

---

① 参阅沈柔坚主编《中国美术辞典》，上海辞书出版社，1987年12月，第9页。

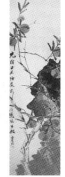

图4—15　清 华喦 牡丹竹石图 1755年 128cm×49cm （天津市艺术博物馆藏）
图4—16　清 赵之谦 十四开花卉册之五 22.9cm×31.9cm （故宫博物院藏）
图4—17　清 虚谷 山桃图 1889年 164cm×46cm （中央美术学院藏）

面的。以富于装饰风趣的重彩勾勒法，去和易于表现浓厚苍茫的泼墨写意法相结合当然不容易，但我们从这里突破一点也是好的。近二、三年来，我在花鸟画创作中，曾多次地向这个方向努力。从工笔和写意的统一表现的基础上，进一步去深入研究。施用朱砂、石黄、白粉、石青、石绿、金等不透明颜色，最好是勾画轮廓，有时也可以不用轮廓，但必须掌握画面的色调的统一和色调对比的单纯。"[1]就如何统一调和色彩的关系，郭味蕖从两个方面得到了启示。一是齐白石常用浓重而单纯的朱砂颜色点菌苕，以泼墨法点荷叶，以三原色点翠禽。给郭味蕖留下强烈的印象和启示。他说：

　　齐白石大师画工虫配以写意花鸟的花果，画翠禽仅以红蓝两色出之，看起来极容易，却是在长时间实践中经过无数次地反复研究

---

① 郭怡孮、郭绵孮主编《郭味蕖艺术文集》，人民美术出版社，2008年3月，第889—890页。

而获得的成果。①

二是民间年画单线平涂的方法，可以解决画面上重彩杂乱，使人分不清主题的感觉。一幅画面要有主色调，例如只用朱砂和墨作重点，或以石黄和朱砂作重点，或是以粉或青绿作重点，主色调不要超出三种颜色，也可以调制好理想的颜色再用，可以获得对比强烈、画面简洁、色调明快、气象大方、格调雅致的表现效果。他说：

> 这样的效果是继承民间年画的单线平涂的路线。年画画面用彩的对比强烈，是千百年来民间艺术家们从广大群众喜爱的基础上逐步演变从而创造出来的。我们今天从年画方面吸收一些营养，使旧的淡逸肃穆的情调变得火炽些、鲜明些，更引人入胜些，我想完全是必要的。它的结果将是得到既富艳工丽，又活泼奔放，笔墨酣畅的新风格的出现。②如《天竹》（图4-18）、《美人蕉》（图4-19）、《东风飞花时节》等。

（四）勾勒与没骨结合

勾勒与没骨的结合其实就是工笔与写意结合中的一项结合方式。钩勒法是先用颜色点花叶，然后用墨线或较深重的颜色勾勒边线。这种表现方法较"勾填法"和"勾染法"放松了许多，也自由了许多，历史上许多写意花鸟画家也作过一些尝试。郭味蕖是一位美术史论家，在研究和吸取前人的法度中，经常注意发现某一画家在表现技法上为前人所没有的方法。他敏锐地发现：

---

① 郭怡孮、郭绵孮主编《郭味蕖艺术文集》，人民美术出版社，2008年3月，第839页。
② 参阅沈柔坚主编《中国美术辞典》，上海辞书出版社，1987年12月，第9页。

李复堂（鱓）画紫藤，花叶用色点妥后，皆以墨勒；叶子只以墨笔勾外廓，不着叶脉，所得效果是疏落而有风致。高西园（凤翰）画红叶，以赭石勾外廓，以殷红重勒，虽草草

图4-18　天竹　1955年　94cm×42cm
图4-19　美人蕉　1958年　105cm×45cm

数笔，而意趣已足。赵撝叔（之谦）画牡丹（图4-20）、桃花、萱花，花瓣一色，不分浓淡，而层次繁复厚重，较之一笔求数色者，意境要高出许多。从这些小地方逐步积累经验。在创作中便可得心应手，蜕化出比较新颖的风格。①

例如：郭味蕖《丽日》（图4-21）一画，就是利用以上技法而综合完成的一幅代表性作品。首先，新篁竹枝、竹叶用石绿写出，用墨线勾外廓，再用石青勒叶脉，不难看出这正以李复堂、高西园两家的勾勒法的

① 　郭怡孮、郭绵孮主编《郭味蕖艺术文集》，人民美术出版社，2008年3月，第889页。

图4—20 清 赵之谦 牡丹图（局部）
图4—21 丽日（局部）1962年 122cm×96cm

综合运用。然后用白粉调曙红点垛粉红杜鹃花一大片，以胭脂色勾花蕊；用白粉略调汁绿点垛白色杜鹃花三小片，以赭石色勾花蕊；用墨赭二色分别写出杜鹃花的枝干，并以草绿帅意点少许花叶。这就是赵撝叔"花瓣一色，不分浓淡"点垛法的再现。最后用大笔写出水墨淋漓的山石。然后，在画面左上角题写："丽日，味蕖写于黄山温泉寓楼，时宿雨乍晴，山翠欲滴。"这是一幅写于黄山途中的作品，造型十分生动，色彩明丽，层次分明，气韵生动。又如：《霜红时节》也是一幅勾勒与没骨结合的画。枫树树干、树枝用水墨写出，篱笆用赭石写出；枫树叶用石黄调朱砂色点成，然后用淡墨勾勒外轮廓和叶筋；飞鸟亦用没骨法点画而成。整幅画疏密有致，色彩单纯，用笔有力，画面谐调，活泼生动。

（五）白描与点染结合

白描与点染结合也是工笔与写意结合的另一种形式。所谓白描就是用墨线勾描物象，不施色彩者，谓之白描。"白描"又分工致的双钩和写意的率钩两种。白描与点染结合，因而也就产生偏工或偏写的二种形式。"点染"一词，顾名思义就是点垛和渲染两层含义、两种技法。

白描与点染结合也就有了白描与点垛，白描与渲染两种不同的形式。所以，白描与点染结合也就形成了多种绘画样式。明代周之冕、陈淳、徐渭、李流芳等属于"勾花点叶法"，并形成写意风格的勾花点叶派，影响深远。如周之冕《杂花图》，陈淳《牡丹图》，李流芳《山水花卉册》之二、之三、之四，徐渭《水墨花卉卷》之三、之四、之五等。明代陶成、陈洪绶双钩花、竹、水仙，然后渲染背景，属于白描双钩与渲染的结合，形成较工致典雅的风格。如陶成《竹凫图》（图4—22）；陈洪绶《水仙图》。元代张逊，明代文徵明、万寿祺、陈嘉言，清代石涛、金农、罗聘、吴昌硕等用白描双钩法写兰、竹、水仙、萱草，用点染法画山石、苔草等。形成"勾叶点石"或"勾叶点花"风格的君子仙人纯水墨题材样式。如元代张逊《双钩竹石》卷；明代文徵明《双钩兰石图》卷，万寿祺《野果山禽图》轴。陈嘉言《竹石梅鹊图》轴；清代石涛《山水花卉册》、吴昌硕《丛兰香溢图》轴、罗聘《窠石水仙图》轴，金农《花卉册》等。

　　另外，清代海派的任氏兄弟经常使用白描和点染相结合的方法。以白描法画芭蕉、玉兰、水仙，以点染法画山石、树干、禽鸟。还有与郭味蕖同年代的陈子奋善画白描写生，也经常使用白描和点染相结合的方法搞创作。以白描法画花卉，以点染法写山石、枝干、禽鸟。如《葵花小鸟图》轴等。

图4—22　明　陶成　竹凫图　（上海博物馆藏）

　　郭味蕖善于研究古人、师法古人，但更注重的是在继承的基础上出新和创造。郭味蕖白描与点染相结合也有多种形式。一、是传统的"勾花点叶法"，以白描率勾写山茶花、菊花、玉兰花、百合花，以没骨法用色或用墨点叶。如《青城白山茶》《嫩晴》《淋漓一枝横斜影》《晓露未晞》（图4-23）、《玉兰》（图4-24）、《清霜》等；二、是传统的"勾花泼染法"，以白描率勾写荷花，以水墨大写泼染荷叶。如《银汉欲曙》《墨荷》《太华峰头玉井莲》；三、郭味蕖创新的"白描与勾染法"，以白描率勾写蒲草，以勾染画荷花、荷叶和水草；或白描勾荷花、灵石，以勾染法画荷叶、蒲草形成工笔和写意结合的新形式。如《朝晖》《被泽之陂》。四、也是郭味蕖创新的"白描与勾勒法"，以白描双钩写花卉，以颜色点叶，用墨线勾勒外轮廓和叶筋，形成工笔与写意结合的另一种新形式，如《晨光》《凉露》等。

图4-23　晓露未晞　1963年　146cm×109cm
图4-24　玉兰　1962年　140cm×140cm

（六）传统技法的重组

　　所谓："技法重组"就是中国绘画技巧方法的重新组合运用。前面所论"五个结合"就是中国绘画的技法重组。但是，我们在讨论郭味蕖花鸟画创新作品时发现，许多作品都不是简单的一对一的结合，而是多重的结合。例如《东风珠霞》《什样锦》《藤风竹露》《春渚》《春涧》等这些画，既是花鸟与山水的结合，又是工笔与写意的结合，还是重彩与泼墨的结合。又如《水仙竹石》《红茶花》《淡妆》（图4-25）、《嫩晴》（图4-26）、《美人蕉》《月上》等作品，既是工笔和写意的结合，又是重彩与泼墨的结合。可见，郭味蕖的新花鸟画创作是中国画传统技法的重组，其中还包括引入西方写实绘画的焦点透视，

图4-25　淡妆　1963年　128cm×70cm

图4-26　嫩晴（局部）　1963年

使之与传统的散点透视有所结合。为了结合得自然，常把视平线处理在画外，也就是石涛所谓截断法。并把处于焦点透视中的物象置于散点透视与平面构成化合为一的景象中。他说："焦点透视和散点透视的结合运用，使画面既符合视觉感受，又能不受时间、空间的局限，自由地表达理想中的形象。"[①]这也就是他自己所说的"绘画交响曲"。

除以上诸多的结合之外，郭味蕖还有一种不为人所知的结合，那就是花鸟画与人物画的结合。薛永年先生说："郭味蕖的具体手法并不是以人物为花鸟衬景，而是把一些用以提示人物境况的细节，诸如篱笆、鸡舍、果筐、麦垛、丰收的蔬果，屋檐的辣椒、玉米，散置的各种农具和节日悦目的爆竹，毫无牵强地融入花鸟画中。观之便仿佛步入喜气洋洋的农家院落，感受扑面而来的生活气息。这些用以提示人物生活风情的细节，大半很少在前人画幅中见到，他却以优美的造型和生动的笔墨表现出来，令人耳目一新。"[②]例如：《银锄》《以农器谱传吾子孙》《山乡一角》《田园丰熟》《午梦》《蔬香》（图4-27）、《秋熟》（图4-28）、《归兴》《麦收时节》《和平之声》《竹报平安》《春节景物》等，都是通过深入自然生活和社会生活，深入观察体验，把握时代脉搏，捕捉新时代劳动人民的生活特征，反映现实的精神本质。这是十分巧妙而又自然的结合，对当时在花鸟画理论和创作中存在的片面思想是一个有力的回击。他说："目前在花鸟画理论和创作中，还存在着一些亟待解决的问题。有人认为花鸟画不能表现现实，不能为政治服务，甚至提出了对继承和发展花鸟画创作的疑问。这是思想认识的片面性；也是对艺术为政治服务的狭隘理解。艺术为人民服务的道路是极广

---

① 郭怡孮、郭锦孮主编《郭味蕖艺术文集》，人民美术出版社，2008年3月，第916页。

② 薛永年著《中国现代美术理论批评文丛·薛永年卷》之《郭味蕖的治学精神与绘画成就》，人民美术出版社，2010年1月，第166页。

图4—27　蔬香　1964年　132cm×96cm　　　图4—28　秋熟　1963年　129cm×97cm

阔的。"①

　　这是郭味蕖在《谈花鸟画的创作》一文中，针对一些人对花鸟画提出各种各样太具体的要求，认为花鸟画只能画某几种花，而不能画别的。片面强调艺术为政治服务的功能。许多画家也积极地想用作品为政治服务，不顾花鸟画这一特殊的艺术形式而生硬地结合政治，如有些画画几条小鱼就题上"力争上游"，画几株向日葵就题上"发展生产"。面对这种政治功利和艺术功利思想对花鸟画的打压，予以的抨击。郭味蕖旗帜鲜明地提出："我觉得，凡是通过花鸟画创作能鼓舞人民的情绪、丰富人民的精神生活的都可以画。……不论是认为花鸟画不能反映现实也好，或是用花鸟画去生硬地结合政治也好，都是对花鸟画的艺术功能没有很好地研究的结果。鲁迅先生在《拟播布美术意见书》一文中

————————
① 　郭怡孮、郭锦孮主编《郭味蕖艺术文集》，人民美术出版社，2008年3月，第868页。

早就说过：'美艺是以渊邃人之性情，崇高人之好尚……今以此优美而崇大之，则高洁之情独存，邪秽之念不作。'我认为花鸟画就有这种作用。"①

总之，郭味蕖的技法创新是全方位的，既是中国画传统技法的重组，又吸收了西方绘画透视、色彩等有益的因素，成功地创造了独具时代特征的新风格，反映了一个热爱新时代、拥抱新生活，又对传统精髓和西画要义有着深层领悟的通人创造。他说：

> 把几种表现手段放在一起，集勾勒、勾填、勾染、白描、没骨、晕染、点垛、泼墨于一炉，可尽精微，可致广大，则表现出工丽、活泼、清新、自然的不同风貌。以勾填、勾勒、重彩显细部，以泼墨布陈体势，既有整体气势，又有重点精神，色彩与墨华互相辉映，色彩的浓丽，水墨的氤氲，泼墨的大气磅礴，工笔的缜密绚丽，自然能自由地表达作者的感受。我想，它们的综合运用，结果将是得到既富艳工丽，又活泼奔放、笔墨酣畅的新风格的出现。

二、五个突破和"两个统一"

在中国的文化史上，齐梁的刘勰著《文心雕龙》以六观（观位体、置辞、通变、奇正、事义、宫商）的标准论文（包括诗）之优劣，谢赫著《古画品录》以六法的标准评画之优劣。②六法者何？一、气韵生动是也；二、骨法用笔是也；三、应物象形是也；四、随类赋彩是也；五、经营位置是也；六、传移模写是也。"气韵生动"其实是指画外功夫。是由心性自我修养决定的，是形而上的意义，是中国画创作的最高

---

① 郭怡孮、郭锦孮主编《郭味蕖艺术文集》，人民美术出版社，2008年3月，第869—870页。
② 参阅葛路著《中国画论史》，北京大学出版社，2009年1月，第34页。

境界；"骨法用笔"则是横向的书法对绘画的规范，即对用笔线条的要求，指用笔的功力；"应物象形"是画家无论描绘社会生活或自然景物必须按照客观对象具有的面貌来表现；"随类赋彩"是解决色彩的问题；"经营位置"是对构造平行于现实自然的艺术秩序的要求，即构图布局章法的要求；"传移模写"就是临摹和写生的具体技法。其实六法的顺序倒过来就是中国画学习和创作的方法。中国画的学习和创作是一个循序渐进的过程，一般都是从"传移模写"入手。"六法"成为中国绘画史上最早、最完备的法规。在历代影响很大，特别是唐宋时期。郭若虚在《图画见闻志》中说："六法精论，万古不移"，将六法视为评画的永恒标准。不过谢赫在《古画品录》中，除六法之外，还有一些理论观点值得关注，例如"穷理尽性，事绝言象"。要求画家在创作之前必须深入研究所描绘的对象的规律、特性，做到了然于心，然后用形象表达。又如"师心独现，鄙于综采"，则强调画家的独创性，反对照抄因袭他人的泥古不化。这样就为后世修正完善"六法"标准留有了一定的空间。虽说"六法"标准是恒常的，但也是随着时代的变化不断发展和不断完善的。例如"骨法用笔"，只提到"用笔"，并未涉及"用墨"，荆浩在"六要"中才提出了墨法问题，形成了中国的笔墨精神。谢赫之后的姚最在《续画品录》作为《古画品录》的续品，在"师心独现"的基础，提出了"心师造化"的主张，意即"以造化为师"。师造化，成为我国古代画家身体力行的一项极为重要的创作原则。再如，关于表现题材的问题、内容和形式的关系问题等"六法"中都未涉及，就不如同时代的《文心雕龙》的广阔和完备。可见，任何法规和标准都不是绝对的，而是相对的，是在发展中不断丰富和完善的。

郭味蕖在技法创新上"五个突破"基本上是与"六法"中的内容相对应的。如构图与"经营位置"相对应；笔墨与"骨法用笔"相对应；

色彩与"随类赋彩"相对应;造型与"应物象形"和"传移模写"相对应。而"气韵生动"则是以上技法运用所产生的合力的结果。加上他在绘画形式上的"五个结合"和"技法重组",可以说大大地丰富和发展了花鸟画的创作"技法"。更可贵的是郭味蕖花鸟画革新是理论和实践的统一,又是内容和形式的统一。

(一) 从题材上突破

中国传统花鸟画的绘画题材是最为丰富和多样的。花鸟画泛指除山水、人物画之外的其他国画,是国画的三大画科之一,即花卉翎毛,再细分就有花木、竹石、藤萝、蔬果、禽鸟、兽畜、草虫、鱼虾等名目,有一画中兼用的,也有单画其中一种的,通称翎毛花卉。即花鸟画。

新中国成立后,为了表现"中国老百姓喜闻乐见"的新型花鸟画,画家们深入生活,把自己的思想、情感和群众打成一片,在现实生活中发掘新题材,破旧立新,努力创作。郭味蕖也不例外,在如下五个方面,寻找题材上的突破。

1. 花鸟画中不常涉足的领域和内容

郭味蕖在花鸟画创作中有时画一些别人不常涉足的领域和内容。如以热带花卉和植物题材创作的《馥馥春正酣》(图4-29)画中的叶子花(又称三角梅),《花卉四条屏》画中的凤来仪、叶子花,《晨光》一画中的剑兰等。又如,在传统花鸟画中别人不曾表现的花卉题材。如《飞絮落花时节》一画中的郁金香,《月上》一画中的月光花,《烟花》(图4-30)一画中的烟花,《初阳》一画中的毛蕊花等都是郭味蕖开拓的花鸟画新题材。这些都是很难表现的题材,郭味蕖运用自己"五个结合"和"技法重组"的新形式表现出活色生香,气韵生动的效果。

郭味蕖之所以有这样的开拓精神,与赵之谦的影响有一定的关系。

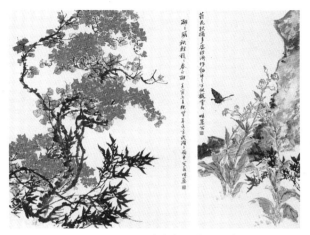

图4-29　馥馥春正酣　1962年　120cm×96cm
图4-30　烟花　1963年　92cm×42cm

郭味蕖在《赵之谦传略》一文中说：

> 他很讲究内容取材，创作素材几乎都是来自现实生活，不是凭空臆想，而是经过亲眼观察过的。他的画题材新颖，画幅中经常出现一些新鲜品种，如铁树、仙人掌、美人蕉以及各地物产等。在取材方面，又喜作杂画鳞介、博古折技及瑞花吉金。[1]

2. 生活中的平常器物

生活中的平常器物，古人一般不作表现，认为平常器物也就是俗物。只有清代的赵之谦在《端阳节物》册一画中画粽子、蒜头、艾草、菖蒲、午时条、端午老虎、米袋、香牌八种端午节物品，并题以长款，读来颇有意趣。在《瓶梅灯鼠图》轴一图中画油灯、老鼠和瓶梅，雅物

---

[1]　郭怡孮、郭锦孮主编《郭味蕖艺术文集》，人民美术出版社，2008年3月，第781页。

和俗物制于一图，相映成趣。现代的齐白石则画不倒翁借以讽刺官僚政客，画算盘来揭露商人的盘剥。

郭味蕖也借助生活中的平常器物表现老百姓喜闻乐

图4—31　农家院落　1956年　106cm×42cm
图4—32　和平之声　1956年　107cm×45cm
图4—33　春节景物　20世纪50年代　70cm×46cm

见的生活场景。如《农家院落》（图4—31）一画中画一件竹竿上凉晒的衣服和子母鸡，以表现农家自适和谐的意境。又如《和平之声》（图4—32）一画中画一串爆竹和一对用黄绿二色布包裹的黑白二只鸽子，用以象征和平。再如《春节景物》（图4—33）一画中画爆竹、锣鼓和风筝，用以表现新春佳节的热闹气氛。

3. 反映时代风貌的农器具

花鸟画要反映新时代的风貌，首先要在题材内容上反映客观现实。新中国成立之初中国的客观现实就是一个农业大国，百分之九十以上的是农民，农器具是广大农民的劳动工具，是人民群众喜闻乐见的器物，借助对农器具的描写，用以赞颂广大人民群众的劳动热情，讴歌建设社会主义的劳动精神，表现新社会的时代的特征。为此，郭味蕖画了大量农器具题材的画，如《以农器谱传吾子孙》（图4—34）、《归兴》《山乡一角》《银锄》（图4—35）等，都是一首首劳动的赞歌。并没有给人以粗鄙丑陋之感，反而独具一种纯朴之美和鲜明的艺术风格。每一幅画都倾注了郭味蕖对新社会、对劳动人民的真情实感和全部的爱。特别是《馌彼南亩》一画中题"馌彼南亩，秋收时节文瑞持此稿来，予亟濡毫图此，以记晨曦饱餐之不易也。"此文出自《诗经·小雅·甫田》中的"馌彼南亩，田畯至喜"一句，意思是说男人们在田里劳动，女人们送饭到地里来，欢天喜地的样子。与齐白石在抗日战争期间所画的紫耙和农具所表达的精神情感，是不尽相同的。齐白石画紫耙和农具是对往日和平自主生活的回顾，借以表达自己对祖国的热爱和对和平生活的向往的美好感情。而郭味蕖则是借农器具以讴歌新社会广大劳动人民发展生产，建设社会主义新中国的劳动热情和奋斗精神。

4. 表现农业丰收的题材

1959年至1961年期间，由于"大跃进"运动以及牺牲农业、发展工业政策导致粮食短缺和饥荒，大部分人吃不饱饭。是新中国成立后，中国经历的3年困难时期。在农村，经历过这一时期的农民称之为过苦日子，过粮食关，歉年。农民对播撒的期待，对收获的希冀，对丰收的渴望成为了这一时期的时

图4—34　以农器谱传吾子孙 1961年 128cm×70cm

图4—35　银锄 1963年 136cm×99cm

图4-36　麦收时节　1963年　152×92cm

图4-37　田园丰熟　1964年　138cm×91cm

代主题。郭味蕖是一位敏感而又有着浓郁生活情趣的艺术家，他要用自己的画笔表现劳动者的辛劳和汗水，表现劳动者的情怀和对丰收的喜悦之情。郭味蕖创作了大量丰收题材的画。如《蔬香图》《午梦》《麦收时节》（图4-36）、《蔬香》《秋熟》《田园丰熟》（图4-37）、《霜色》《向日葵》等。这就是郭味蕖通过花鸟画来描绘社会、表现时代的艺术手段。郭味蕖的这些画是有生活、有写生的，又是笔精墨妙的。并且投注了自己真情实感的艺术创造。与许多"假大空"、公式化、概念化的作品，把农作收获物堆积在一起，像西方静物油画，以此来表现农业丰收，歌颂党的路线的生硬表现有着本质的区别。马明宸说："这种形象更像是植物标本或者政治路线宣传画，缺少郭味蕖艺术中那样深厚的情感内蕴。"①

5. 表现和平主题的题材

二十世纪的世界经历了第一次和第二次世界大战。战争给人类带来残酷性和破坏性引起了许多有良知的艺术家的思考。如毕加索画了《和平鸽》《格尔尼卡》等表现艺术家希望世界和平的愿望。

而中国的艺术家们，也创作了许许多多表现战争的残酷，渴望世界和平题材的绘画作品，即便是中国的花鸟画家们也创作了许多此类题材的作品。如齐白石画《和平万岁》《祖国万岁》；潘天寿画《和平万岁》；徐悲鸿画《哀鸣思战斗》《负伤之狮》《新生命活跃起来》；于非闇画《双鸽红叶》《瑞霭和平》；陈之佛画《早春》《榴花群鸽》《和平之春》等。和平题材的绘画成为二十世纪中叶的时代主题之一。特别是齐白石创作了大幅牡丹花和和平鸽，祝贺保卫和平的神圣事业，1956年世界和平理事会决定齐白石老人为1955年度国际和平奖金的获得者，在国际上获得了很高的声誉。

郭味蕖也不例外，这一时期也创作了不少有关和平题材和庆祝新中国成立的国画。如《日日东风处处花》《繁荣昌盛》《和平之声》等作品。特别是《东风》（图4-38）一画，是1960年创作的花鸟与山水结合的大幅作品，在山水间画二树紫藤婆娑而下，山前石后画萱花、杜鹃、蒲草等春季花卉，花荫下画群鸽引颈顾盼、飞鸣啄食，一派东风吹拂、春暖融融的和平气氛。表达了郭味蕖热爱和平，向往美好生活，歌颂祖国繁荣昌盛的心声。

（二）从构图上突破

郭味蕖对写意花鸟画的构图，有过系统的研究，在《写意花鸟画

---

① 马明宸著《郭味蕖花鸟画艺术变革的基本角度与特色》载《书画世界》，2011年3月号，总第114期，第16页。

图4—38　东风 1960年 128cm×264cm

创作技法十六讲》一书中第五讲《写意花鸟画的构图》一文有详细的论述。从顾恺之所说的"置陈布势"，谢赫六法中的"经营位置"，一直谈到石涛以自然为师，"搜尽奇峰打草稿"的创作精神。这些都是古人在创作中总结的构图经验和构图规律，对于写意花鸟画的学习和创作都是非常重要的理论指导。然而，我们更关注的是郭味蕖在写意花鸟画理论探索和革新实践中，在构图上的突破。

郭味蕖在构图上主张："跳出古人，跳出前人规律，由现实观察创新。"[①]郭味蕖认为写意花鸟画的构图要参照一定的构图规律，但更重要的是作者自己的生活体验。要根据对自然现实的认识和了解，从自然本身发现规律。运用构图因素去高度概括地表现自然现实本质，才能不为物象所役，达到经营位置的极高境界。所以，郭味蕖崇尚石涛以自然为师，"搜尽奇峰打草稿""揭我之须眉""自有我在"的创作精神。

郭味蕖从生活实践和创作实践的体验中，在花鸟画构图中对取势布陈、骨架结构、层次运用、情感顾盼、几何组合、分疆截断的运用从理

① 　郭怡孮、郭绵孮主编《郭味蕖艺术文集》，人民美术出版社，2008年3月，第892页。

论研究到实践探索都取得了成功的经验。下面结合郭味蕖的创作，介绍几种郭氏构图法。

1."纵横结构、取势布陈"法

郭味蕖认为构图最重要的是"取势"。他在《写意花鸟画创作技法十六讲》一文中说："取势就是开合所寓，在构图中注意开合布意，才能层层掩映，生发无穷。构图中的开合，等于人身的呼吸，开合组织得当，画面布置便能得势，看起来稳定舒服，以求显明而不紊，秩然而有序"①

纵横结构，就是以纵向和横向的结构线为骨架，植柱构梁来组织画面构图。形成严紧缜密的大结构、大气势。

例如《月上》（图4-39）一画，就是利用以纵向和横向的结构，形成网状构架，使画面既稳定又宁静。丛竹和月光花组成密集排列的竖线，竹叶和石头组成两组横线，黄色月光花朵和蓝色的野菊花形成两组横线的重复，枝叶又形成多组的小重复。画中花枝、竹叶和石头都取向上伸长之势，与天空月光相辉映，表现了月上时清辉普照的宁静诗意。

图4-39　月上 1961年 125cm×131cm

《惊雷》《东风珠霞》《春山行》《银汉欲曙》《环宇吹遍东风》等代表作品都是采用纵横结构，取势布陈法成功地创造了大气势构图的作品。

---

① 郭味蕖著《写意花鸟画创作技法十六讲》，上海人民美术出版社，1989年12月，第29页。

图4—40　秋声　1960年　102cm×42cm
图4—41　东风飞花时节　1963年　120cm×95cm

2.　"不等三角破对角，三段分疆破中线"法

　　"不等三角破对角，三段分疆破中线"[1]就是讲求主线、辅线、破线，三线交叉就形成不等三角破对角的构图形式。他说："这三条线如果运用灵活，摆列得体、曲折变化、交互相织，即可组成美妙画面。"[2]"三段分疆破中线"就是要避免上、中、下"三段分"的构图，很少用开合法，重点要放在偏处，强调整体大块的虚实，密中又密、稀中又稀的绝对化。例如《秋声》（图4—40）一画，墨竹和瀑布重叠形成一条主线，画跋长题形成一条辅线，山石杂草成为破线，于是，画面被分割成多个不等边三角形，鹦哥和山石杂草形成一个三角形，瀑布和竹叶形成一个不等边倒三角形，画面空白处又形成一个三角形。同时，上、中、

① 　郭怡孮、郭绵孮主编《郭味蕖艺术文集》，人民美术出版社，2008年3月，第892页。
② 　郭味蕖著《写意花鸟画创作技法十六讲》，上海人民美术出版社，1989年12月，第30页。

下三段不平均对待，虚实相生，密处不使透风，疏处可以走马。

《菊》《白露未晞》《东风飞花时节》（图4—41）、《午晴》《晓风》《雪蕉图》《凉露》等都属于此类构图。

3. "散点、焦点、鸟瞰透视结合"法

散点透视是中国绘画的透视法，它可以不受时间和空间的限制。所以，中国花鸟画家有时会把四季花卉和禽鸟画于一幅之中，不同时间、不同空间的物象制于一画，并行不悖，这是它的优点。不足的是在多种物象重叠时，画面的深度空间就无法表现，视觉就会有平、堵、乱的感觉。郭味蕖吸收了西画的焦点透视法，与散点透视法相结合，就很好地解决了这一问题，有时根据画面需要还结合了鸟瞰透视法，就可以在构图中移步变易地由高及下，由远及近地布置景物，不受空间时间限制。他说："既可以在画面上根据主题要求画同一时间同一场面的景物，也可以描写不同时间不同地点的景物。这样处理的画面更加引人入胜，起

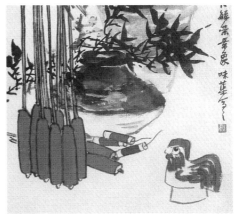

图4—42　晨曦　1963年　119cm×94cm
图4—43　竹报平安（局部）　1958年

到使画面更加丰富、完整的效果。"①

《晨曦》（图4-42）、《被泽之陂》《朝晖》《竹报平安》（图4-43）《学书》《春节景物》（图4-33）等都是属于散点、焦点、鸟瞰透视法相结合的成功代表作品。

4. "截断"法

所谓"截断"法，就是截取景物最精彩、最美妙之处入画。其余遗于画幅之外。也就是采用出纸的办法。郭味蕖使用"截断"法，主要受黄公望、石涛采用截断法处理山水的启发。他在《写意花鸟画构图》一文中说：

"黄公望论画讲究须留天地，须有活机，主张作过墙一枝，离奇其势，若用全干繁枝，套而无味。石涛讲究用截断法，采用自然景物的最精妙处，予以适当处理，剪头去尾，写其精英，不落全相。"②

"截断"法构图，是利用纸边，使景物四面出纸，注意上下空间，四旁疏通。使笔墨张力向画外延伸，以小观大，引发观众的画外之思，营造更加广阔的意境和更为丰富的想象空间。例如：《秋晨》《春山一夜潇潇雨》（图4-44）、《晨光》（图4-45）、《春秀》《芳春》等作品，在花树构图时，不把整个大枝干放在画面中，而是露出一大段在纸外，但可以从四面适当处横出小枝折枝，这样就可以使枝干各部在构图中大小富于变化，从而加强画面景物的对比效果，创造出开阔的、以小观大的新意境。

5. "几何形构成"法

"几何形构成"法是指以方形、三角形、长方形、圆形等几何形重复、穿插、布陈、映衬、呼应等办法来营造画面，处理空间，具有很强

---

① 郭味蕖著《写意花鸟画创作技法十六讲》，上海人民美术出版社，1989年12月，第28页。
② 郭味蕖著《写意花鸟画创作技法十六讲》，上海人民美术出版社，1989年12月，第30—31页。

图4—44　春山一夜潇潇雨　1964年　105cm×45cm
图4—45　晨光　1962年　135cm×96cm

的构成意识。他在《写意花鸟画创作技法十六讲》文中说："在画面构图时，要力求宾主显明，疏密错落，前后贯穿，变化掩映，还要注意全局的严整、疏朗、新颖、活气，要极力避免充塞、繁琐、板实、重叠、对称、均匀、松散、空薄，等等。"如《山乡一角》（图4—46）、《午梦》（图4—47）、《农器》《蔬香》等一系列静物式的画都属于几何形构成法的代表作品。当然，这些法则不仅适用于"几何形构成"法，同样也是其他构图法必须注意的。

　　郭味蕖的构图方法远不止这些，例如"叠密疏空"法，作品以二层、三层的形象叠加在一起，"密处越密，疏处越疏"，造成疏密空间的绝对化，打破构图常规，给人以特别的艺术感觉。如《绿天》《白荷》《芭蕉》等。由于篇幅的关系，不多赘叙。下面将郭味蕖在花鸟画创作和教学中形成的《构图的几点规律》一文录于下，以供研究者进一

图4—46　山乡一角　1963年　133cm×94cm

图4—47　午梦　1963年　132cm×88cm

步了解郭味蕖的写意花鸟画构图法的精义与要诀。

构图的几点规律（1961）

枝干分理，花叶成组。

浓枝破淡干。

三段分疆破中线，左右开合忌等分，不等三角破对角。

左右开合，枝干分理，花鸟顾盼。

散点不过五，纵横定主辅，交枝分求远，老干宜独出。

以白计黑，虚外实内，开合锁结，回抱勾托

用笔一波三折，而不妄生圭角。

忌浮（轻忽不实）忌滑（虚弱无力），要圆转如意。

焦墨能润实，渴墨能厚腴。

构图勿为花鸟困住，煊烂不分动植

双鸟变形，多鸟编组。

翎毛补景，要根据生活习惯处理环境。可补树石、地坡、苔草。鸟与配景，色宜分明，不为自然所拘束。

多鸟要注意聚散疏密，顾盼生姿。

花树要出枝空灵，突出鸟，注意偏正面，忌顺线。

草忌实，分疏密、长短、季节，要有质感，衬托主体，联系环境。

石要小于鸟或大于鸟，鸟繁石简，鸟简石繁。①

（三）从笔墨上突破

赵怡元在《古代画论辑解》一书中说："凡谈用笔，一定包括有墨在内，这是笔中之墨。凡讲用墨，一定含有笔的用法，这是墨中之笔。凡讲造型，一定包括笔墨在内，这是造型中的笔墨。"②

中国画是用笔墨造型的艺术，笔墨造型是三位一体的，用笔离不开用墨，用墨离不开用笔；用笔用墨是为了造型，造型离不开用笔用墨。

唐张彦远在《历代名画记》"论画六法"一文中说："古之画，或能移其形似而尚其骨气，以形似之外求其画，此难可与俗人道也。夫象物必在于形似，形似须全其骨气，骨气形似，皆本于立意而归乎用笔。"③这就是说，画家在创作过程中，通过对客观存在记忆，予以缜密地组织、提炼、概括，在画面上再现自然物象的形神时，必须仰赖用笔和用墨，用笔塑造形象，用墨表达神态，从而达到艺术高度的气韵生动。

郭味蕖对中国画传统笔墨理论有系统的研究，他认为，钻研历代画论是研究笔墨规律和笔墨造型的重要环节。因为他作为美术史家，可以

---

① 郭怡孮、郭绵孮主编《郭味蕖艺术文集》，人民美术出版社，2008年3月，第918—919页。

② 赵怡元注译《古代画论辑解》，陕西人民美术出版社，1984年4月，第41页。

③ 张彦远著、俞剑华注释《历代名画记》，江苏美术出版社，2007年8月，第29页。

说熟读精研了中国古代画论。除谢赫"六法论"的"骨法用笔"论，张彦远"论画六法"外，沈宗骞《芥舟学画编》关于"笔为墨帅，墨为笔充"的关系，王世贞《艺苑卮言论画》关于"要如锥画沙、印印泥、折钗股、屋漏痕、高峰坠石、百岁枯藤、惊蛇入草"的用笔方法，宋画家葛守昌要求用笔"精而造疏、简而意足"，石涛的"不似之似"，齐白石的"似与不似之间"①等造型观念，深深地影响郭味蕖，并对郭味蕖笔墨造型的突破提供了理论的指导。

1. 用笔的"松"与"毛"

在中国画技法上，"用笔"通常指勾、勒、皴、擦、点等笔法；"用墨"通常指烘、染、破、泼、积等墨法。在理论上强调笔为主导，墨随笔出，相互依赖映发，完美地描绘物象，表达意境，以取得形神兼备的艺术效果。唐代张彦远《历代名画记》说："骨气形似本于立意，而归乎用笔。"②也就是王维所说的："凡画山水、意在笔先。"③五代梁荆浩《笔法记》六要中论"用笔"说："笔者，虽依法则，运转变通，不质不形，如飞如动。"④所说的笔，虽然有一定的运用技法，而且要按照画上的需要来运笔，有直的、弯的、转折粗细等变化。但要用得活泼、生动，笔迹本身不能让人感到有形和质，它必须和所画形象融为一体。这也就是"活笔"。而用笔易犯"三病"，韩拙在《山水纯全集》中说："用笔有三病，一曰板、二曰刻、三曰结。"⑤所谓"板"就是缺少腕力，下笔犹豫不定，勾画出来的形状不准确、不自然，扁平而缺少立体感。所谓"刻"就是笔迹显露，运笔呆滞不灵活，转弯的地

---

① 郭怡孮、郭绵孮主编《郭味蕖艺术文集》，人民美术出版社，2008年3月，第928页。
② 张彦远著、俞剑华注释《历代名画记》，江苏美术出版社，2007年8月，第29页。
③ 沈柔坚主编《中国美术辞典》，上海辞书出版社，1987年12月，第11页。
④ 赵怡元注译《古代画论辑解》，陕西人民美术出版社，1984年4月，第35页。
⑤ 赵怡元注译《古代画论辑解》，陕西人民美术出版社，1984年4月，第42页。

方出现不应有的棱角。所谓"结"就是笔迹迟顿，应该散开的地方散不开，运笔时好像有什么东西妨碍着走不动似的，一点也不流畅。这也就是"死笔"。

为了避免用笔上的板、刻、结"三病"，郭味蕖终其一生努力致力于用笔上的"毛"和"松"二个字，他认为把握住"毛"和"松"二字，则一生用之不尽，处处都是活笔。"所谓毛者，全在用笔得法而有力，破空而来，騞然而止，纵横顿挫而法不失。用笔在我，用笔之所至，有听其自然，而不能期其必然者，此始可与言笔法。麓台一生，得力于一'毛'字。大痴一生，得力于一'松'字，世所谓松字诀者。子久之峰峦浑厚，草木华滋，皆不外从一'松'字入手"。①1941年，三十四岁的郭味蕖在北平中山公园举办个人画展，有名箫音者撰文曰："他画花卉不浓不淡，笔不苟，古拙之极，朴雅之极。在石田白阳之间，超逸脱俗。"如《蕉石图》就是一张四十年代初期的水墨画，用笔灵动而有力，顿挫而得法，虚实相生，浑厚华滋，无一笔虚着，亦无一笔版结，处处体现其"毛""松"的用笔追求。郭味蕖认为："必须笔为心使，画家运用笔墨能干湿互用，自由收放，才算不为笔使。真正做到笔为心使。符合现实对象的要求，通过用笔，表现技巧。要从事物和线的复杂状态中看到物体的精神本质。华润、生动、松活、灵变、沉着、浑朴、变化、有力、有皴擦、有顿挫、笔断意连、一气贯通、笔不周而意周。"②例如创作于1949年的《五清图》，五清者，即梅、竹、水仙、松、石五种东西，五种不同的东西要冶于一幅之中，是一件很难的事情，如何做到不乱、不杂、层次分明、和谐统一，要从构图、造型、

① 郭味蕖自撰《画展前言》载郭怡孮编著《画家·学者郭味蕖纪年》，人民美术出版社，2008年3月，第80—81页。

② 郭味蕖著《郭味蕖艺术文集》，人民美术出版社，2008年3月，第900页。

空间、笔墨等方面作全面的考虑。所画墨竹、水仙、石头、梅松层层叠加，穿插自如，层次分明，虚虚实实，笔断意连，用笔"毛松"而有力，随物体的不同，变化用笔，体现物象的精神本质。同时，密处越密，疏处越疏，上下呼应，错落有致。还有《殷勤车马赏春城》《鲁迅诗意图》（图4—48）、《春城花繁时节》《绿天》《石》（图4—49）、《紫蝶》《潇湘烟雨》《墨荷》等都属于用笔"毛松"，浑然天成的作品。要求勾斫用笔，意到笔随，勿矫揉造作；皴擦用笔，务求松活，要毛而不滞，光而不滑。笔断而意不断，意到而笔不到。

图4—48　鲁迅诗意图　1965年　124cm×96cm　　　图4—49　石　20世纪60年代　88cm×70cm

2．"惊蛇入草"与"元气淋漓"

四十年代初，齐白石老人看完郭味蕖的画，撰写了一副对联赠送给他。对联的内容是："开图草里惊蛇乱，下笔阶前扫叶忙。"[1]用以形容

---

① 　郭怡孮编著《画家·学者郭味蕖纪年》，人民美术出版社，2008年3月，第77页。

用笔的力度和速度。"惊蛇乱"是指运笔的行进并不是直线的，而是拧转的、摆动的，如万岁枯藤，惊蛇入草，一笔三战，一气贯穿。"扫叶忙"则是指笔入纸时的杀纸声。特别是使用侧锋描写坡石树干时，落笔偏侧横扫，发出"唰，唰"的声音。如扫庭前落叶。齐白石形象地描述了画家的创作状态，也是对郭味蕖用笔的力度和速度的肯定，又是老人对后学郭味蕖的勉励。

郭味蕖十分注重用笔用墨。他说："要画好一幅写意花鸟画，注意用笔用墨是重要关键。"[①]他认为：用笔讲究笔气、笔力、笔韵。用笔要运气，一气贯注，如"惊蛇入草"。从始笔到末笔，要首尾衔接，笔笔送到，做到游刃有余。运笔要有力气，气到力便到。笔力扛鼎，如"万岁枯藤""高山坠石"。笔韵是讲究格调意境，是通过用笔表达的"笔精墨妙"的功能效果。用笔的妙处在于气韵，要像宋代画家葛守昌所要求的用笔"精能造疏、简而意足"。[②]

郭味蕖的用笔正如其在《竹》（图4-50）一画中题写道："瘦而腴、秀而拔、欹侧而有准绳，折转而多断续。"这也可以看出其用笔的力度和丰富性。他作画很快，看起来却像慢功。在这一画中运用了中锋、侧锋、逆锋和战笔（渴笔）。竹竿用中锋写出。中锋要求落笔中正，不偏不欹，要求圆劲而有韧力，不险怪不妄生圭角。竹叶则以中锋转侧锋写就，侧锋要求偏侧横扫，而中锋转侧锋画竹叶可使竹叶造型既厚重而又多变化。竹枝则大都以逆锋和战笔写出，逆锋是改变正常的运笔方向。可增加笔气的苍老，战笔是中锋落笔，在战动中前进，可避免线的刻板，并增加涩拙的趣味。在郭味蕖花鸟画创新中，则常以渴墨战笔勾勒花叶的边线。

---

① 郭味蕖著《写意花鸟画创作技法十六讲》，上海人民美术出版社，1989年12月，第32页。
② 俞剑华编著《中国古代画论类编修订本》，人民美术出版社，2004年10月，第67页。

图4-50 竹 1970年

图4-51 水仙竹石 20世纪60年代 132cm×96cm

《清风摇翠》《东风》《环宇吹遍东风》《水仙竹石》（图4-51）等画都是强调"笔力扛鼎""惊蛇入草"的代表性作品。

笔墨要相互为用，不可脱节。运笔中要注意体现出韵律感，要通过不同的用笔方法，去追求不同的墨气和墨色。杜甫诗云："元气淋漓障犹湿"，讲的是墨的妙用。郭味蕖说：

> 写意花鸟画用墨比用笔犹难。笔是筋骨，墨是肌肉，笔可得形似，墨可得神韵。墨法出自笔法，墨助笔的效果。笔墨修养好，画受墨，墨受笔，笔受腕，腕受心。①

郭味蕖认识到用墨的难度，因此，对中国画传统墨法作了系统的研

---

① 郭味蕖著《写意花鸟画创作技法十六讲》，上海人民美术出版社，1989年12月，第36页。

究，他在《写意花鸟画的用笔用墨》一文中说："用墨有积墨、破墨、泼墨、套墨、谑墨、浓墨、淡墨、焦墨、宿墨、渍墨、跳墨种种方法，有渴、湿、浓、淡、焦的区别，有死活、痴钝、模糊、混浊、涩滞、淋漓、酣畅、苍厚、沉雄、生气、活泼、淹润、恬静的感觉。写意花鸟画中的勾勒、渴墨、湿墨、焦墨兼施；点垛点染法的翎毛，多用破墨和套墨；晕染渲染多用积墨；大写则用泼墨、谑墨。用焦墨渴墨不能枯窘；用湿墨泼墨不能涣漫、积潦、滞浊；运用破墨要求先淡墨后浓墨或反之。但以浓破淡易，以淡破浓难。清沈宗骞说：'以淡墨润浓墨则晦而钝，以浓墨破淡墨则鲜而美，故性先淡而后浓者为得。'黄宾虹先生讲'破墨之法，淡以浓破、湿以干破''浓不凝滞，淡不浮薄'。淋墨和积墨法，层层积染，多采数十层。跳墨是随时注意临近的墨色，有意地扩大墨阶，若墨之深浅分五等，作画时，将一等浓墨和四等淡墨相邻并用，以加强对比效果。泼墨多任笔自然，成竹在胸，随机灵变，淋淋漓漓，磅磅礴礴，活活泼泼。各种墨色要相互为用，要以淡得深，因渴成润，渴润间出。用墨也不能墨守旧规，一成不变。"[①]

郭味蕖论用墨之法有些很少见于前人论述，如套墨、谑墨、跳墨。何谓"套墨"？就是以浓淡干湿不同的墨相互套用，用以表现明暗、层次和体积。点垛点染的翎毛，多用破墨和套墨。如《古木双鸠图》的斑鸠就是浓淡相间的墨相互套用画好斑鸠的整个形象，然后用浓墨破淡墨的方法点斑纹。谑墨则是肆笔用力放纵涂抹之意，与泼墨法结合画大写意。如《墨荷》的荷叶、蒲草都是谑墨泼墨而成。至于跳墨上文有叙，在此不作展开。

以上是郭味蕖对中国画传统墨法的广泛接触和深入研究的理论总结。并以透彻的理论认识指导自己的写意花鸟画的创作，使用积墨、破

---

① 郭味蕖著《写意花鸟画创作技法十六讲》，上海人民美术出版社，1989年12月，第36页。

墨、泼墨、套墨、谑墨等方法，以淋漓的笔墨随意挥洒，创作了许多有质有量、笔简意足、形完意真、形在意中、形象真实、意境清新、气势宏大、体现时代精神的花鸟画。如《蕉竹图》，以泼墨法用淡墨泼写芭蕉叶，用浓墨勾筋破淡墨，用淡墨写竹枝，用浓墨挥洒竹叶，取得"元气淋漓""气韵生动"的运墨的高度效果。

《大雨连朝》（图4–52）、《雪蕉图》《竹蕉》（图4–53）、《墨荷》《芭蕉杜鹃》《太华峰头玉井莲》《水墨花卉册之二、之四》等都是郭味蕖"笔精墨妙"、"元气淋漓"的代表性作品。

图4–52　大雨连朝 1956年 115cm×43cm
图4–53　竹蕉 20世纪60年代

（四）从造型上突破

生活是艺术的源泉，艺术是现实的反映，艺术来之于生活，没有生活就没有艺术创作。现实究竟不是艺术，艺术也不要求表面地反映生活。艺术创作需要对现实中的自然物象进行剪裁、概括、综合、选择、加工。不是单纯如实描绘自然物象，而是要反映现实精神本质，表现更高更美的东西。必须深入生活，认识生活，从生活中发现规律，创造艺术形象。中国画的艺术创造一贯主张"以形写神"，画家笔下的形象都经过了提炼和加工，去创造丰富、新奇又生动的形象。郭味蕖在写意花鸟画造型的"似"与"变"，除了受生活的启示外，另一方面就是受中国传统绘画美学思想的影响。郭味蕖"造型的似与变"中的"似"就是"形似"，"变"就是"不似"，是经过艺术加工的"神似"。它与齐白石的"妙在似与不似之间"，黄宾虹的"以不似之似为真似"，石涛的"不似之似"，恽寿平的"以极似求不似"，徐渭的"不求形似求生韵"，苏东坡的"论画以形似，见与儿童邻。"，沈括"书画之妙，当以神会，难可以形器求也。"，欧阳修的"古画画意不画形"的创作标准一样，是和顾恺之、谢赫、张彦远的形神论一脉相承而加以发展的。也就是中国画造型"以形写神""形神兼备"的美学思想。

受以上二个方面的影响，郭味蕖在花鸟画造型的"似"与"变"作了反复的探索和实践，在前人的基础上形成自己独特的笔墨造型语言。如率钩直写；寓方于圆，方圆结合；以线聚形等。

1．率钩直写

郭味蕖的"率钩"直写，主要是受明代陈淳的影响。据郭味蕖潍坊的学生张绍良教授回忆说："郭老师告诉我们，写意花鸟的钩线要学陈白阳的，白阳的钩线遒劲有力，又能准确表达形象。陈淳在用线造型上变宋元的双钩白描为写意率钩。"如郭味蕖的《水仙》《高风冷露》（图4-54）、《墨菊图》（图4-55）、《玉兰》《琪树冰雪里，皎皎东风姿》（图4-56）等率钩直写的水墨作品与陈淳的《倚石水仙图》《墨菊图》《花卉图册之四》等写意率钩的作品有着相似之处，而且郭味蕖的作品更为放逸。

图4—54 高风冷露 1966年 103cm×46cm
图4—55 墨菊图
图4—56 琪树冰雪里，皎皎东风姿

2. 寓方于圆、方圆结合

郭味蕖的"寓方于圆、方圆结合"的造型，主要受清代赵之谦的影响。我们知道大自然的花瓣、树叶等造型都为弧线的造型。赵之谦是一位全才的金石书画家，善于以篆隶、北碑用笔入画，追求笔墨造型的金石味，常以方折笔写荷花、茶花、牡丹花和栀子花等，特别是郭味蕖祖传的赵之谦《花卉八条屏》，其中勾线填色的红茶花，勾线未着色的栀子花均以方折笔写出，变弧线为直线，突显了造型的力度和金石味，形象更加隽雅和挺秀。如郭味蕖《天竺》一画中的勾线填色的天竺叶、《浅春》（图4—57）一画中的迎春花和叶，花卉四条屏中的《叶子花》（图4—58）中的花和叶，《芭蕉》一画的花和叶，《东方珠霞》一幅中的勾线填色的红茶花，《银锄》一画中的勾线填色的菊花，《淡妆》一画中勾线填色的粉茶花等都是"寓方于圆、方圆结合"的代表性作品。这就不难看出郭味蕖用方折笔造型比赵之谦更为广泛，也更为自觉，成为郭味蕖花鸟画革新的显著的特点之一。

图4—57　浅春　1960年　136cm×97cm
图4—58　叶子花　1965年　182cm×58cm

3．以线聚形

"以线聚形"则是受大自然繁复、细密的花卉植物的影响。面对大自然中的成串成堆的紫藤花，成片成树的叶子花，成团成簇的绣球花等复杂繁密的自然形象，郭味蕖习惯于用短线聚形，以顿挫、勾连不断的短线来构成形象。郭怡孮、邵昌弟编著《郭味蕖花鸟画技法》一书中说："这种线具有连续性、运动感、画起来节奏明快，活泼生动。这种勾线方法，是基于造型观念的变异而产生的，是对传统线描的一种超越，是在似不经意的离披点画中塑造形象。这种方法，比一般传统勾勒方法更能发挥线条自身的丰富性和表现力，可不受固有程序的制约。"[1]

---

① 　郭怡孮、邵昌弟编著《郭味蕖花鸟画技法》，人民美术出版社，1993年12月，第18页。

例如《芳春》一画中的绣球花和叶，山丹花和叶，《藤》一画中的紫藤花和叶，《馥馥春正酣》一画中的叶子花和叶，《凉露》（图4—59）一画中花和叶，《向日葵》（图4—60）一画中的向日葵花等都是郭味蕖"以线聚形"的代表性作品。

他笔下的线条，局部看来并不是明确的轮廓线或结构线，也可能并不很具体，似乎还有点零乱，但整体看来却内涵丰富而自由，是根据物象不同而生发的不同造型线条，甚或是多种功能的线的聚合。既能表现形象，又能表现感觉气氛，且具有线条自身的独立审美价值。郭味蕖从此找到了"以线聚形"的造型方法，用以表现山花野卉的场景。成为他花鸟画革新又一显著的特点。

图4—59　凉露　1964年　134cm×95cm
图4—60　向日葵　20世纪60年代　110.5cm×40cm

（五）从色彩上突破

我国古代绘画常用朱红色、青色，故称画为"丹青"。《汉书·苏武传》说"竹帛所载，丹青所画"。杜甫在《丹青引赠曹将军霸》一诗云："丹青不知老将至，富贵于我如浮云。"，民间则称画工为"丹青师傅"。也泛指绘画艺术，如《晋书·顾恺之传》中云："尤善丹青"。由此可见，中国绘画一贯都很注重色彩的运用，甚至"丹青"二字成了中国绘画的代名词。

郭味蕖非常重视中国画的色彩因素，又通晓西洋绘画的色彩知识，他重视研究历代花鸟画家的用色方法和规律。郭味蕖发现历代花鸟画家，表现在画面上的色彩和运用的方法都各具自己的面貌，中国画的用色也是随着时代的发展和风格的不同而发展和变化的。他说："徐熙用色淡逸；黄筌赋彩富艳；明人习惯用淡彩；清赵之谦用色浓丽；今齐白石在继承文人水墨画的基础上，又融合了民间年画的用色方法，以浓墨来对比重彩，用朴厚健康的笔墨，表达了自己的思想感情。"①

经过多年的学习研究和创作实践，郭味蕖对中国画色彩的运用上，在主调的设计和色阶的运用方面；在民间色彩平涂法的运用方面；在写意花鸟画重彩的运用方面都有所突破。

1．主调的设计和色阶的运用

一幅设色的花鸟画，要注意整体色彩的统一，也就是要有一个主调，要用主调统一整幅画面众彩，根据题材、内容需要，变化活用，既要符合生活真实，又要顾及艺术的夸张。要主次分明，调子一致。从而使笔下的物象更逼真，更感人。他说：

　　一幅色彩缤纷的花鸟画，尽管朱黛纷陈，必须分清主次，要举

①　郭味蕖著《写意花鸟画创作技法十六讲》，上海人民美术出版社，1989年12月，第40页。

图4—61 被泽之陂 1965年 175cm×96cm
图4—62 霜色 1964年 126cm×96cm

　　一色为主，众色为铺，做到主从揖让，配合照应。使画面绚烂，不
在众彩骈举；气息新鲜，不在五彩兼施。赋彩净淡，效果不一定不
厚，相反一味浓重，也未必能表现出物质感觉。善于运用主调，使
全幅情绪调子做到统一，有意地增减色阶，创造性地去处理色阶，
这是使作品增强艺术性的重要方法。①

　　郭味蕖在运用色彩的主调同时，又提出了"创造性地云处理色
阶"。所谓"色阶"就是同一色彩调子的明度和纯度的不同层次。在色
彩的运用中要根据画面的整体需要增减色阶，创造性处理色阶，色阶过
多，用色太杂就会感觉混乱而不能突出主调。只注意小处变化，失却大
块色彩对比，也不可能出现好效果。主调明确，又有色阶的变化，就能

① 郭味蕖著《写意花鸟画创作技法十六讲》，上海人民美术出版社，1989年12月，第40页。

增强作品艺术性。

例如《被泽之陂》（图4-61）一画以浓墨线勾勒石头、蒲草、荷花、荷叶，主调是青色，以三个色阶渲染荷叶、蒲草，间以赭石画莲蓬等，整幅作品色调单纯俊雅，画面层次分明，和谐统一，独具时代气息和个人风范。《朝晖》《月夕》《山乡一角》《麦收时节》《嫩晴》《淡妆》《霜色》（图4-62）、《春山一夜潇潇雨》《霜红时节》《花卉四条屏》等都是主调明确，色阶分明，和谐明快，格调清新的代表性作品。刘曦林在《郭味蕖传》一文中说："关于'主调'的主张，既是中国古代绘画的一种追求，更是讲究色调的西洋画所着意强调的艺术技巧。郭味蕖对于色调、主调的认识及运用，正是他通晓古今、兼擅中西的结果。"[①]

2．写意花鸟画重彩的运用

写意花鸟画重彩的运用在古代不曾多见。吴道子讲究敷彩简淡。苏东坡也说："画有六法，赋彩拂淡其一也，工尤难之。"[②]可见古人作画崇尚"简淡""拂淡"，用的是泼墨法和水墨淡彩法。而明代的孙隆曾用浓墨写石头，重彩画花卉，别创一格。清代的赵之谦也喜用浓墨重彩，经常使用饱和色，在色阶些微差别中，追求繁复的层次，从而获得独特的风致。齐白石色墨结合，在用墨的同时，以赤、黄、青等原色重彩突出色墨的对比效果。以上前辈画家在写意花鸟画的重彩运用，对郭味蕖的写意花鸟画的重彩运用有一定的影响和启示作用。但，又有着本质的区别。郭味蕖的写意花鸟是工笔和写意相结合，又是水墨和重彩相结合，其重彩的运用主要是见诸于勾填、勾染、勾勒的作品之中。这与孙隆、赵之谦、齐白石没骨点垛的运用是完全不一样的。例如《飞絮落

---

① 刘曦林著《郭味蕖传》，山东美术出版社，1998年9月，第125页。
② 郭味蕖著《写意花鸟画创作技法十六讲》，上海人民美术出版社，1989年12月，第41页。

图4-63　飞絮落花时节　1960年　140cm×69cm
图4-64　春渚　1963年　134cm×96cm

花时节》（图4-63）一画中的郁金香花，《浅春》一画中的迎春花，
《馥馥春正酣》一画中的叶子花，《春渚》（图4-64）一画中的菖蒲
花，《鸡舍图》一画中的蜀葵等都是勾填重彩法的代表性作品。具有很
强装饰美和独特的个人风格。

3. 民间色彩平涂法的运用

　　郭味蕖在治学上博涉多方，并以严谨求实的态度进行系统认真的研
究。薛永年在《郭味蕖的治学精神与绘画成就》一文中，论其治学的三
大特点时说："其二，是突破了传统美术史家重文人画轻工匠的偏见，
把古代工匠艺术家的作品视为研究的重要内容。"对中国历代版画、
年画作了广泛而深入的研究，并且取得了丰富的学术成果，1960年出版
《中国版画史略》，全书15万字。另有关于版画、年画、雕版佛画、木

版水印、风筝等方面的研究文章13万字编入《郭味蕖艺术文集》。他在《山东的木版年画和风筝》一文中说：

> 山东潍县的木版年画，由于它面对广大农村，因而有着不同于杨柳青和桃花坞的自己的面貌。较之其他两地，它的线条更加简净健壮，色彩更加单纯火热。它过去刊印的门神，构图完整雄健，囿于刻版和刷印的局限性，重用赤、黄、青等原色，图像均匀布列，显示了强烈的装饰效果。①

郭味蕖受此启发和影响，喜用浓墨勾花卉的轮廓线，再以平涂填入较为饱和的色彩，有意把色彩处理得尽量单纯而整体，制造色彩层面，又善于利用色彩平面和水墨平面叠套起来，营造色墨的层次空间。构成墨与色的强烈对比，以期达到古人所讲究的"色不碍墨，墨不碍色""色中有墨，墨中有色"的表现效果。例如《月上》一画，用浓墨勾月光花外廓，平涂填入石黄，以淡绿色画叶，形成一个冷调的色彩平面，以竹石构成的水墨平面映衬出夜晚明月初升，月光花初放时的情调和诗意。《日日东风月月红》《竹石》《黄夹竹桃》《馥馥春正酣》《月夕》《晚风》（图4-65）、《红茶花》（图4-66）等都是民间色彩平涂法运用的代表作品。郭味蕖自己总结说：

> 这样的效果是继承民间年画单浅平涂的路线。年画画面用彩的对比强烈，是千百年来民间艺术家们从广大群众喜爱的基础上逐步演变从而创造出来的。我们今天从年画方面吸收一些营养，使旧的淡逸肃穆的情调变得火炽些、鲜明些、更引人入胜些，我想完全是

① 郭怡孮、郭绵孮主编《郭味蕖艺术文集》，人民美术出版社，2008年3月，第377页。

图4—65　晚风　1962年　138cm×96cm
图4—66　红茶花　1963年　138cm×70cm

必要的。它的结果将是得到既富艳工丽，又活泼奔放、笔墨酣畅的
新风格的出现。[1]

（六）两个统一

　　理论和实践的统一，内容和形式的统一，这是所有画家都要面对的
问题，这是二对矛盾问题，既对立又统一。郭味蕖从事花鸟画的创新实
践，就必须在中国画传统的规律中寻找和总结创新经验。由于郭味蕖对
中国画史画论广泛而又深入的研究，从美术史发展体现的艺术规律中寻
找新的方向，并用以指导自己的艺术实践，坚持艺术研究与艺术实践的
互动，走向了理论思考和艺术实践并重的新型花鸟画的探索之路。是理

―――――――――――――

[1]　郭怡孮、郭绵孮主编《郭味蕖艺术文集》，人民美术出版社，2008年3月，第890页。

论和实践的统一。也是内容和形式的统一。叶浅予在《郭味蕖遗作展前言》中说：

> 郭味蕖以毕生精力从事中国传统绘画艺术的历史研究和创作实践，对花鸟画的推陈出新做出了卓越的贡献。花鸟画的创新，能在内容与形式上有所突破，关键在于我们这一代人受到社会主义思想的熏陶，用新的立场观点去认识和发现自然界的生活情趣。郭味蕖在新中国诞生以后，向传统学习，向生活学习，经过艰苦实践，为花鸟画的推陈出新，做出了富有成果的探索。在内容与形式两方面都有所突破。①

叶浅予对郭味蕖理论与实践，二个方面做出努力和贡献，内容与形式二个方面都有所突破的历史定位是十分准确和到位的。1949年，新中国诞生，郭味蕖积极接受毛泽东文艺思想的教育和社会主义的熏陶，在广泛深入社会生活和长期艺术实践的基础上，感到传统技法和固定的表现形式已经不足以表现自己的新感受。他说：

> 我们今天社会基础变了，所谓上层建筑的文化艺术也迅速地要求变革。随着画家们阶级立场的转变，思想情感变了，所以反映在画面上的客观现实便显然和过去有所不同。它要求画家不只是在内容取材和构图上表现新的风范，在形式和一切技法中也要渗入新的革命的血液，从而使花鸟画获得新的营养，达到更高的艺术境界。

---

① 郭怡孮、邵昌弟主编《百年郭味蕖——纪念郭味蕖诞辰100周年绘画艺术精选》，人民美术出版社，2008年3月，第5—6页。

因此就要求画家们在花鸟画创作中，大胆地改变风格。^①

　　这是郭味蕖对花鸟画创作中内容和形式关系的论述。他认为艺术形式必须服从思想内容，有怎样的思想内容，就应该用怎样的艺术形式。花鸟画的推陈出新，从主题内容到表现方法、笔墨技巧、艺术形式都要做统一的新的处理。例如：在传统花鸟画中很少人画睡莲，用写意的形式或工笔的形式都不大好表现。为了表现这一新的题材内容，郭味蕖既不用写意的形式，也不用工笔的形式，而是用工笔和写意相结合的形式。如《朝晖》（图4-67）一画，蒲草用白描率勾写出，睡莲的花和叶、水草都用勾线填色、染色完成。在构图上则以传统的散点透视法与西画的交点透视法相结合的形式。从而使画面开阔、层次分明、形象生动、彩墨辉映成趣，形成清朗、刚健、俊雅明丽的新风格。他认为："绘画形式、手段、语言的综合运用，更有利于表达作者的感受，能表达得更自由、更准确、更充分。"^②无论是"五个结合"还是技法的重组，可以说这些成功的技法探索，是构成他独特艺术风貌的重要因素。加上他在题材、构图、笔墨、造型、色彩上的探索和突破，就其绘画形式而言，他的画已不同于传统意义上的小写意、大写意、没骨、工笔、以及半工写的形式，而是一种新形式了。综观郭味蕖的绘画，其绘画手法的多样性和思想感情的丰富性是紧密相联的，是内容和形式高度统一，也是理论和实践高度统一的结果。

---

①　郭怡孮、郭绵孮主编《郭味蕖艺术文集》，人民美术出版社，2008年3月，第886页。

②　郭怡孮、邵昌弟编著《郭味蕖花鸟画技法》，人民美术出版社，1993年12月，第90页。

图4—67　朝晖　1963年　124cm×94cm

第五章　结　论

　　透过"通人"郭味蕖的追求与创造的艺术人生，我们回顾了二十世纪初中国画从"衰敝极矣"，[①]至二十世纪中叶呈现出蓬勃发展、欣欣向荣的景象。由于中国社会整体变革的巨大力量，美术史中的变革才得以真正实现。中国画在经历了多次的论争和反思之后都相继走出了困境，二十世纪中国画的大家们，如吴昌硕、齐白石、黄宾虹、潘天寿、徐悲鸿、林风眠、刘海粟、傅抱石、李可染、李苦禅、郭味蕖等，在人物、山水、花鸟等领域的杰出创造，从而完成了从"传统"向"现代"的转型。他们当中的大多数的大家们走的仍然是中国绘画通人之学的路，在画学理论和绘画实践上、在古今、诗书画印，甚或中西绘画各个方面贯通无碍，完成独具时代特色的艺术创造。郭味蕖是后来者，也是难得的成功者之一。郭味蕖的通人之学有其显著的个人特点和超人之处，主要表现在如下几个方面：

　　一、郭味蕖的通人之学，不同于文史哲方面的通人之学，他是中国画的通人之学。在中国画的通人之学中，他既不同于古代的中国画通人之学，也不同于二十世纪其他画家的通人之学。首先，古人的通人之学是经由艺理相通，到达古今相通；而郭味蕖的通人之学在经由艺理相通，到达古今相通的基础上，又到达了中西相通和诗书画印相通。其

---

① 　康有为著《万木草堂藏画目》（节选）载邵琦、孙海燕编《二十世纪中国画讨论集》，上海书画出版社，2008年7月，第13页。

次，二十世纪其他画家的通人之学，主要有二大倾向，第一种是经由艺理相通到达古今相通，诗书画印相通者，如吴昌硕、齐白石、黄宾虹、潘天寿等。第二种则是经由艺理相通，到达古今相通，中西相通者，如徐悲鸿、林风眠等；而郭味蕖的通人之学则是全面展开的，二者兼而有之的，是经由艺理相通，达到古今相通，中西相通，诗书画印相通的通人之学。

二、中国绘画称之为"道"，无道则隔，有道则通，道贵打通。"道尚贯通"是通人之学的本质要求。中国画的"道"，就是中国画发展的内在规律。郭味蕖对包括在中国画史论在内的美术领域的研究是十分广泛而又深入的。既注重基础研究，又重视作品本身，把理论研究和文物字画的鉴别考证相结合；既注重中国传统文人画的研究，又重视民间工艺美术的研究；既重视对传统的继承、发现和总结前人的宝贵经验和中国画发展的规律，又重视从不同学科、不同艺术中吸取丰富的营养，根究绘画之理，穷通古今之变。以透彻的"通人"智识，指导自己的创作和教学。

三、既重理论研究，又重理论著述；既有研究深度，又有独特的表述方式。在民族文化遗产的多个领域都深有研究，治学有成，并使不同领域不同学科的研究相互渗透、相互作用、融会贯通。不仅对他在绘画创作上显示出精湛功力和创新精神，而且在金石、考古，版画、年画，书画注录，中国绘画史，古代、现代画家评论，花鸟画创作和教学理论等多方面都有丰富的著述，为我们留下许多宝贵的文献资料。所以，郭味蕖的老朋友美术史论家金维诺这样评价过他："郭味蕖在多么贫瘠的土地上都能吸出水分，长成大树。"[1]

---

[1] 李松著《画家·学人郭味蕖——读郭味蕖艺术文集》载《中国画家》，2008年2月，第75页。

四、郭味蕖的"通人"追求，既是艺理双修，又是学兼中西，还是诗书画印齐攻并进的"通人"追求。所以，他以广博的胸怀，海纳的襟度广收诸艺，博采百家，化古为我，熔于一炉。并以花鸟画这一老百姓喜闻乐见的题材内容和优秀的民族形式为突破，完成了他前与古人，后与来者遥相呼应的艺术创造，也就是承前启后的历史使命。

五、郭味蕖的"通人"创造，其显著的艺术特色就是"时代性"和"人民性"。尤其重视一个"新"字，他深知"艺贵出新"至理。他满怀热情和真诚地投入新社会的新生活，以感情之新，带动思想之新；以思想之新带动新的理论思考；再以理论之新带动技法的变革与创新；再以技法之新，完成花鸟画的革新。郭味蕖的花鸟画革新是全方位的，既是中国画传统技法的重组，又吸收了西方绘画透视、色彩等有益的因素，成功地创造了独具时代特征的新风格、新境界，反映了一个热爱新时代、拥抱新生活，又对传统精髓和西画要义有着深层领悟的通人创造。

总之，在中国现代花鸟画艺术的创新道路上，郭味蕖既是实践探索者，又是理论创新者，"是矗立在传统与现代的十字路口上的巨人般的艺术坐标。"[①]他用自己一生的心血，"焚膏油以继晷，恒兀兀以穷年"[②]地精研学问文章和诗书画印。以学识渊博的"通人"慧悟，为现代花鸟画艺术构建了具有思想性和精神性的价值体系，并在多个领域取得显著的成就。

一、作为著名画家，他精研传统，师法前贤，兼采西法，深入生活，广收博取，学通承变，锐意创新，创作了大量笔精墨妙、活色生

---

① 雒青之著《推开现代花鸟画艺术之门》刊于《中国书画·近现代专题》，2009年9月，第25页。

② 韩愈著《昌黎集·十二进学解》："焚膏油以继晷，恒兀兀以穷年。"膏，油脂，指灯烛，晷，日光，谓夜以继日地勤奋学习。见《辞源》修订本"焚膏继晷"条。商务印书馆，2009年4月，第1928页。

香、生机盎然、欣欣向荣的花鸟画，开时代之新风。娄师白有诗赞曰：

"当代名家孰与俦，毫端百卉腕底收；十年浩劫成灰烬，仍是丹青一巨头。"①

二、作为美术史论家，他学养深厚、天姿高迈，在治学上涉猎广泛，取精用宏、融会贯通、著述丰赡。迄今已发表《宋元明清书画家年表》《中国版画史略》《写意花鸟画技法十六讲》《郭味蕖艺术文集》上下卷等总共150多万字的专著，只是他著述的一部分，已足以代表他的学术成就。郭味蕖的夫人陈琦在其诗稿《述怀·其三》中就有："四十年来著书篇，十有九余未归还"②的感叹。郭味蕖故宫古物陈列所同学陈寿荣有诗赞曰：

"谁比玉梅香韵同，蕖翁笔墨富清风；遗书版画与年表，不朽纷传艺林中。"③

三、作为美术教育家，他以渊博的学识，独到的见解、认真的示范、诲人不倦、真诚的辅导给学生以教益。他主持制订了《中央美术学院花鸟教学大纲》，为建立和完善花鸟画"三位一体"的教学体系做出了重要贡献。他热爱教学，爱护学生，也受到学生们的欢迎和爱戴。范曾在《永托旷怀——记恩师郭味蕖》一文中说：

> 彼时郭味蕖五十上下，略有白发，体格魁伟、气宇轩昂，而谦恭温良有世家子弟风，言谈娓娓，不作慷慨激扬态。其学养之博雅，令人肃然起敬，不信今时无古贤。④

① 郭怡孮、邵昌弟主编《百年郭味蕖——纪念郭味蕖诞辰100周年绘画艺术精选》，人民美术出版社，2008年3月，第7页。
② 郭怡孮著《郭味蕖艺术文集·后记》，人民美术出版社，2008年3月，第1078页。
③ 郭怡孮编著《画家·学者郭味蕖纪年》，人民美术出版社，2008年3月，第278页。
④ 范曾著《永托旷怀——记恩师郭味蕖》载于《中国书画》，2008年2月，第30页。

　　四、作为艺术鉴藏家，他师出名门，收藏甚富，精通鉴赏。一方面有家学渊源，祖上给他留下了许多明清的书画精品；另一方面是好研古、喜收藏，仅于1939年至1951年间收藏书画文物共计728件之多。他收藏与研究并重，所藏书画作品均为传世瑰宝。著有《知鱼堂书画录目》和《知鱼堂书画录》。也是研究历代中国书画艺术的宝贵文献资料。刘曦林在《郭味蕖传》一文中说：

　　　　仅此，即可见郭味蕖从事美术史研究的兴趣和严谨的治学态度，以及收藏精品的喜悦和把这精品传之历史的责任心。①

　　郭味蕖"通人"的追求与创造，在如上几个方面都取得显著的成就，同时，其在西画和山水画方面也有不俗的表现，他是一位实力很强的多面手。（限于篇幅的限制，本文在山水画方面未能全面地展开讨论）但他矢志不渝地选择了花鸟画作为他最持久也最钟爱的人生目标，并大胆革新，努力前行。他和历代的花鸟画大师们一样都承受着艺术创新的无数艰难和险阻，但也享受着特殊的光辉与荣耀。因为：

　　　　在人类文明史上留下层累性遗存的，永远是创新者的业绩。历史，只记载首先拓宽了人们的心理结构，真正创造了一种新的心理适应的人。再精美的作品没有起到这个作用，也就不值得进入一部深有见地的艺术史。因为任何一部优秀的艺术史只能是，永远是人类精神的开拓史。②

---

① 刘曦林著《郭味蕖传》，山东美术出版社，1998年9月，第150页。
② 余秋雨著《艺术创造工程》，上海文艺出版社，1987年3月，第285页。

因此，对郭味蕖的研究我们不该只停留在对他的画法、语言、技巧的层面，而忽略他的精神高度，而应当透过他"清朗、刚健、淡雅、含蓄、隽永"①的作品风格，去领略"他那至今仍然崭新的、坦荡的、自由的、独立的精神气质和美学风骨。"②他的艺术是跨越理论实践的制限；打通古今中西的界域；突破诗书画印的阻隔；挣脱雅俗的羁绊；推开画种的藩篱的"通人"追求与创造。

中国传统文化的"通人"之学，与西方现代"通识"教育有相似之处。"通识"教育对美术的要求基于以下几个假定："首先，教育的作用在于提高我们的感知和理解能力；其次视觉作品（如建筑、雕塑、绘画）是人类辉煌文化的一部分，对它们的研究构成了一个学术性学科，它在方法和价值观上类似于文学或哲学。"③而中国的艺术和哲学则包含在文史之学的中国传统学问中。中国绘画是用学问滋养出来的艺术。也就是说中国"通人"之学的精神和学问养育了中国绘画。中国绘画真正的价值蕴含于图式深层的文化内涵，也就是宋代邓椿所说的"画者，文之极也。"从这个意义上郭味蕖"通人"的追求与创造，印证了中国文化通人传统的永恒性和可贵性，给我们以诸多的启示：

首先，对于我们今天从事中国画研究和创作的后来者来说，是一份宝贵的遗产，是一个成功的典范，也是一块高耸的丰碑。他是如何处理继承与发展、理论与实践、内容与形式等关系的？他是如何根究传统、发现规律、学通承变、推陈出新的？他是怎样跨越那个政治功利和艺术

<hr/>

① 刘曦林在《郭味蕖先生学术研讨会发言》载郭怡孮、邵昌弟主编《百年郭味蕖——纪念郭味蕖诞辰100周年绘画艺术精选》，人民美术出版社，2008年3月，第9页。
② 雒青之著《推开现代花鸟画艺术之门》载《中国书画·近现代专题》，2009年9月，第28页。
③ 美国哈佛委员会著《哈佛通识教育红皮书》，北京大学出版社，2010年12月，第166页。

功利时代的门槛的？他又是怎样倾听时代呼声、感受时代情趣、表现时代精神的？等方面给我们以良多的教益。

其次，对于我们今天高等美术院校实践类硕士、博士研究生在高端层次上如何重塑通人之境，如何培养高层次的学者型画家、美术教育家？具有现实的指导意义。

再者，对于我们今天继承、保护和发展传统文化，振兴中华文明，是否应当吸取中国文化"通人之学"向现代转变为"专家之学"所付出代价的教训？具有启示作用。"因为人文学科任何时候都需要通才通儒通学。" ①

---

① 刘梦溪著《中国现代学术要略》，生活·读书·新知三联书店，2008年1月，第103页。

参 考 文 献

一、著作

1. 《郭氏族谱》共三卷，潍坊（潍县）郭氏文化历史研究会重印，2011年4月。

2. 郭怡

郭怡孮、郭绵孮著《郭味蕖艺术文集》上下卷，人民美术出版社，2008年3月。

3. 郭怡孮编著《画家·学者郭味蕖纪年》，人民美术出版社，2008年3月。

4. 郭味蕖著《宋元明清书画家年表》，中国古典艺术出版社，1958年。

5. 刘曦林著《郭味蕖传》，山东美术出版社，1998年9月。

6. 俞剑华编著《中国古代画论类编》上下卷，人民美术出版社，2004年10月。

7. 薛永年著《中国当代美术理论家文丛·暮然回首——薛永年美术论评》，广西美术出版社，2000年5月。

8. 邵大箴、李松主编，薛永年著《中国现代美术理论批评文丛·薛永年》卷，人民美术出版社，2010年1月。

9. 梅忠智编著《20世纪花鸟画艺术论文集》，重庆出版社，2001年1月。

10. 林木著《20世纪中国画研究》（现代部分），广西美术出版社，2000年1月。

11. 邵琦、孙海燕编《二十世纪中国画讨论集》，上海书画出版社，2008年7月。

12．徐建融著《当代十大画家》，上海人民美术出版社，1995年11月。

13．陈伯海主编《上海文化通史》，上海文艺出版社，2001年。

14．刘梦溪著《中国现代学术要略》，生活·读书·新知三联书店，2008年1月。

15．沈柔坚主编《中国美术家辞典》，上海辞书出版社，1987年12月。

16．陈传席著《中国艺术大师徐悲鸿》，河北美术出版社，2009年8月。

17．杨成寅著《石涛画学》，陕西师范大学出版社，2004年9月。

18．张彦远著、俞剑华注释《历代名画记》，江苏美术出版社，2007年8月。

19．许江主编，《怀文抱质——中国美术学院首届中国画博士毕业文献集》，中国美术学院出版社，2004年9月。

20．葛路著《中国画论史》，北京大学出版社，2009年1月。

21．陈传席著《明末怪杰——陈洪绶的生涯及艺术》，浙江人民美术出版社，1992年11月。

22．孔汝煌主编《中华诗词曲联简明教程》，浙江古籍出版社，2002年4月。

23．余秋雨著《艺术创造工程》，上海文艺出版社，1987年3月。

24．夏延章、唐满光、刘方元译注《四书今译》，江西人民出版社，1996年10月。

25．欧阳若修主编《诸子百家名言大观》，广西人民出版社，1992年11月。

26. 《词源》修订本，商务印书馆，2009年。

27. 余英时著《中国文化史丛书——士与中国文化》，上海人民美术出版社，1987年12月。

28. 沈括著《梦溪笔谈》，重庆出版社，2007年9月。

29. 清·石涛著，周远斌点校纂注《苦瓜和尚画语录》，山东画报出版社，2007年8月。

30. 徐复观著《中国艺术精神》，广西师范大学出版社，2007年1月。

31. 明·董其昌著，屠友祥校注《画禅室随笔》，江苏教育出版社，2005年5月。

32. 冯友兰著《中国哲学之精神》，中国青年出版社，2005年5月。

33. 中共中央文献研究室编《毛泽东文艺论集》，中央文献出版社，2002年4月。

34. 宗白华著《美学与意境》，江苏文艺出版社，2008年7月。

35. 杨伯峻译注《孟子译注》（简体字本），中华书局，2010年10月。

36. 南朝梁·刘勰著《文心雕龙》，华文出版社，2007年2月。

37. 美国哈佛委员会著，李曼丽译《哈佛通识教育红皮书》，北京大学出版社，2010年12月。

38. 黄宾虹著，王伯敏编《黄宾虹画语——明山画谭》，上海人民美术出版社，1997年4月。

39. 孔令伟著《风尚与思潮：清末民国初中国美术史的流行观念》，中国美术出版社，2008年3月。

40. 张传友编著《古代花鸟画论备要》，人民美术出版社，2011年1月。

41．明·唐志契著《中国美术论著丛刊——绘事微言》，人民美术出版社，2003年12月

42．崔自默著《为道日损——八大山人画语解读》人民美术出版社，2005年3月。

43．赵怡元注译《古代画论辑解》，陕西人民美术出版社，1984年4月。

44．老子著《道德经》，安微人民出版社，1990年5月。

45．卢辅圣主编《华嵒研究》，上海书画出版社，2003年6月。

46．郭怡孮、邵昌弟编著《郭味蕖花鸟画技法》，人民美术出版社，1993年12月。

47．王平著《画家书法》，中国美术学院出版社，2002年6月。

48．傅佩荣著《解读易经》，线装书局，2006年8月。

二．论文

1．薛永年著《学通承变·画寄真情——郭味蕖的治学精神与绘画成就》，载《美术研究》，1999年第三期。

2．李魁正著《论郭味蕖的花鸟画艺术》，载《美术观察》，2001年第五期。

3．郭怡孮著《取诸怀抱》，载《美术》，1998年第十二期。

4．吴冰著《得江山之助——郭味蕖花鸟画创新研究》，（博士论文，未发表），2008年6月。

5．吕鹏著《浅谈"学者型画家"》载《美术向导》，2003年第二期。

6．成佩、张鉴著《论郭味蕖花鸟画创作教学体系》，载《美术研究》，2008年第二期。

7．郎绍君著《以传统为本——论郭味蕖》，载《国画家》，2000年

第四期。

8．潘公凯著《对中国美术现代性的反思与探索》，载《中国社会科学报》，2010年5月30日。

9．刘曦林著《山灯花放满背香》，载名家翰墨丛刊《中国近代名家书画全集·29郭味蕖·花鸟》，翰墨轩出版有限公司，1998年11月。

10．邵昌弟著《郭味蕖写意花鸟画的写实性》，载名家翰墨丛刊《中国近代名家书画全集·29郭味蕖·花鸟》，翰墨轩出版有限公司，1998年11月。

11．叶浅予著《从内容到形式两方面突破》，载名家翰墨丛刊《中国近代名家书画全集·29郭味蕖·花鸟》，翰墨轩出版有限公司，1998年11月。

12．于希宁著《怀念味蕖砚长》，载名家翰墨丛刊《中国近代名家书画全集·29郭味蕖·花鸟》，翰墨轩出版有限公司，1998年11月。

13．潘絜兹著《学如耕稼到秋成》，载名家翰墨丛刊《中国近代名家书画全集·29郭味蕖·花鸟》，翰墨轩出版有限公司，1998年11月。

14．郭怡孮编著《郭味蕖年表》，载名家翰墨丛刊《中国近代名家书画全集·29郭味蕖·花鸟》，翰墨轩出版有限公司，1998年11月。

15．雷子人著《陌陌千里．苍烟漠漠——郭味蕖先生山水画风貌初探》，载名家翰墨丛刊《中国近代名家全集·28郭味蕖·山水》，翰墨轩出版有限公司，1998年10月。

16．梅墨生著《上下千古思·纵横万里势》，载名家翰墨丛刊《中国近代名家全集·28郭味蕖·山水》，翰墨轩出版有限公司，1998年10月。

17．仲远著《江山形胜归图写》，载名家翰墨丛刊《中国近代名家全集·28郭味蕖·山水》，翰墨轩出版有限公司，1998年11月。

18. 范曾著《永托旷怀——记恩师郭味蕖》，载《中国画家》，2008年2月号。

19. 邵大箴著《史实的力量——"画家学者郭味蕖纪年"》，载《中国画家》，2008年2月号。

20. 李松著《画家·学人郭味蕖——读郭味蕖艺术文集》，载《中国画家》，2008年2月号。

21. 郭莫孮著《游鹢独运·凌摩绛霄——郭味蕖绘画艺术之路》，载《21·名家——隆重纪念郭味蕖先生诞辰100周年》特刊，2008年4月。

22. 郭玫孮著《回忆我的父亲郭味蕖》，载《21·名家——隆重纪念郭味蕖先生诞辰100周年》特刊，2008年4月。

23. 刘曦林著《学者型艺术家》，载《21·名家——隆重纪念郭味蕖先生诞辰100周年》特刊，2008年4月。

24. 郭绵孮著《江山形胜归图写——记郭味蕖山水画创作历程》，载《21·名家——隆重纪念郭味蕖先生诞辰100周年》特刊，2008年4月。

25. 庄寿红著《正不必作前人墨奴——怀念郭味蕖老师》，《美术研究》，1980年4月。

26. 卢林整理《新花鸟画的一声春雷——郭味蕖艺术研讨会侧记》，载《美术观察》，1999年3月

27. 马明宸著《郭味蕖花鸟画艺术变革的基本角度与特色》，载《书画世界》，2011年3 总第144期。

28. 雒青之著《推开现代花鸟画艺术之门》，载《中国书画》近现代专题，2009年9月。

29. 姚舜熙著《穷研、旷达与才情——论郭味蕖的学术人生》，

2008年7月（未发表）。

30．万青屴著《从"三绝"到"四全"齐白石的艺术成就与近世画学之变》，载《美术研究》，2011年1月。

31．潘公凯著《造型艺术的意义》，载《美术研究》，2011年1月。

32．苏金成、胡媛媛著《在中西冲突与艺术革新时的守护——陈师曾的绘画创作与艺术思想探析》，载《书画世界》，2011年3月号。

33．喻高著《儒家思想与大乘佛学对传统艺术的影响》，载《新美术》。

34．潘公凯著《为了独立自强的新中国——中国美术60年1949—2009》总序，载《美术研究》，2010年2月。

35．曹庆晖著《析"三位一体"与"中央美术学院第一代中国画教学集体"》，载《美术研究》，2010年3月。

36．郭怡孮著《怡园艺话》代序，载《中国近代名家画集·郭怡孮》，人民美术出版社，2001年9月。

三．画集

1．郭怡孮、邵昌弟主编《百年郭味蕖——纪念郭味蕖诞辰100周年绘画艺术精选》画集，人民美术出版社，2008年3月。

2．王玉山编辑《中国美术家作品丛书——郭味蕖画选》，人民美术出版社，1998年12月。

3．王玉山编辑《中国近现代名家画集——郭味蕖》画集，人民美术出版社，1998年6月。

4．王玉山编辑《郭味蕖画选》，人民美术出版社，1998年4月。

5．（美）H·H·阿纳森著、邹德侬翻译《绘画·雕塑·建筑——西方现代艺术史》，天津人民美术出版社，1988年12月。

6．洪再新著《中国美术史图像手册·绘画卷》，中国美术学院出版社，2003年1月。

7．郭味蕖美术馆编《纪念辛亥革命一百周年——百年菁华》，北京工艺美术出版社，2011年10月。

8．《宋人画册》，人民美术出版社。1997年10月，第二版

9．《陈淳精品画集》，天津人民美术出版社，2000年1月，第一版。

10．《上海博物馆藏历代花鸟画精品集》，上海书画出版社，1998年，第一版。

11．《中国古代绘画名作辑珍·赵之谦画集》，天津人民美术出版社，2002年1月，第一版。

12．《中国近代名家画集·潘天寿》，人民美术出版社，1996年6月，第一版。

13．《扬州画派书画全集·华嵒》，天津人民美术出版社，1998年3月，第一版。

14．《虚谷画集》，河北美术出版社，1994年8月，第一版。

15．《中国画历代名家技法图典·花鸟编》，上、中、下卷，上海书画出版社，2003年8月，第一版。

后 记

　　20年前我在福州东方书画社买了一本《郭味蕖花鸟画技法》一书，这是由郭怡孮、邵昌弟先生编著的郭味蕖花鸟画技法书。其内容丰富、讲解详尽、通俗易懂、图文并茂，是我学习、研究郭味蕖艺术的第一本资料，经常带在身边，可以说爱不释手，从中收获良多。

　　2009年，中国美术学院硕士毕业后的第三年我有幸考取了中央美术学院造型艺术研究所中国当代花鸟研究的博士研究生，在郭怡孮和薛永年教授的指导下开始了新一轮系统的学习和研究。也是这个机缘，郭味蕖因而成了我的师爷，于是我就着手进一步开始郭味蕖的研究了。首先在郭怡孮导师家中和郭味蕖美术馆里接触了许多郭味蕖的手稿、文本资料和书法、绘画原作，以及近40年来中外学术界对郭味蕖所作研究的成果。

　　不难发现郭味蕖是一个十分博学的画家，其研究学问的范围之广、程度之深，涉猎的领域之多是超乎常人的。他中西绘画齐修、理论与实践并进、诗书画印四全，收藏鉴赏、教书育人、亦古亦今，且在多方面取得显著的成就，并在花鸟画推陈出新上取得重大的成功！在他有限的生命里是如何做到的？

　　也不难发现郭味蕖当时对中国画形、神与笔墨，生活蒙养与艺术品格，继承与创新等的艺术思考仍然也是我们今天的思考，他当年孜孜以求，推陈出新的努力，仍然也是我们今天要研究、探讨和解决的问题。

　　还不难发现20世纪与郭味蕖有交往的大画家——齐白石、黄宾虹、徐悲鸿、潘天寿等都是学养深厚，有着深刻的直觉灵思和广博的人文知识，都是理论与实践并善，诗书画印"三绝"或"四全"的"通人""通才"画家。画虽为技，却需要广博的学识、丰富的文化修养做支撑。翻开美术史也不难发现历代画家的成功范例，也都反复说明中国画艺术它最终是人文化成，心修养道，从技入道的内在规律。因而有了《道尚贯通·艺贵出新——通人郭味蕖的追求与创造》这一学术论文命题，论文从始至终也是围绕这一命题而展开。

论文经过三个寒暑的努力，在中央美术学院博士研究生的学习即将结束之时完成并顺利通过了答辩。三年来在理论导师薛永年先生的悉心指导下，理论学习和论文写作上都受益匪浅，感受致深。在论文撰写过程中，从论文选题开题、写作体例、撰写修改给予全力支持和谆谆教诲。还有专业导师郭怡琮先生除了在专业上予以指导和帮助外，在论文选题、资科收集、查缺补漏等多方面给予大力支持和帮助。二位导师求真务实的治学精神、宽容谦和的长者风范，既是我的学业之师，也是我的人生之师！两位恩师的言传身教使我略窥治学的门径。在此深表衷心的感谢！

在此还要感谢王宏建、罗世平、邱振中、郑岩、张立辰、李少文先生在论文开题时，站在学术的至高点，给予提供宝贵的意见和建议！还要感谢罗世平、邱振中、李一、刘曦林、邓福星、宋晓霞答辩委员给予的评价和意见。使我明白一个道理，在论文开题和答辩中荻益最多的永远是论文的撰写者！还要感谢姚舜熙、郭远航、郭葵、苏剑晖、张勤、刘俐、朱玲好友为本论文的写作予以的关怀和帮助。

其次，感谢中央美术学院造型艺术研究所、图书馆及相关老师、教职工的无私奉献。最后，感谢我的家人对本人的求学及论文写作，给予了极大的理解和支持、鼓力和帮助。

光阴似箭、日月如梭。不知不觉中两年的光阴已过，论文经过稍事润色，标题也简化为《通人画家郭味蕖》。在即将付梓出版之际。我还要再次感谢薛永年、郭怡孮两位恩师在百忙中抽空为本论文写序。也要感谢杨华山、王勇、吴昊诸君对本论文的出版予以支持和帮助。也要感谢责任编辑李娟女士不计烦劳、耐心负责的热忱。

论文的不足、舛误与疏漏之处，祈望海内外方家批评教正，谢谢！

林　维

2014年7月11日于北京崇德居